OUTROS NORDESTES POSSÍVEIS
GÊNERO E ABJEÇÃO EM ORGIA
OU O HOMEM QUE DEU CRIA (1970) E TATUAGEM (2013)

Editora Appris Ltda.
1.ª Edição - Copyright© 2024 dos autores
Direitos de Edição Reservados à Editora Appris Ltda.

Nenhuma parte desta obra poderá ser utilizada indevidamente, sem estar de acordo com a Lei n° 9.610/98. Se incorreções forem encontradas, serão de exclusiva responsabilidade de seus organizadores. Foi realizado o Depósito Legal na Fundação Biblioteca Nacional, de acordo com as Leis n°s 10.994, de 14/12/2004, e 12.192, de 14/01/2010.

Catalogação na Fonte
Elaborado por: Josefina A. S. Guedes
Bibliotecária CRB 9/870

O482o 2024	Oliveira Neto, Edival Saraiva de Outros nordestes possíveis: gênero e abjeção em orgia ou o Homem que deu cria (1970) e Tatuagem (2013) / Edival Saraiva de Oliveira Neto. – 1. ed. – Curitiba: Appris, 2024. 159 p. ; 23 cm. Inclui referências. ISBN: 978-65-250-5537-4 1. Cinema. 2. Abjeção no cinema. 3. Ditadura – Brasil. 4. Homossexuais. 5. Homossexualidade. I. Título CDD - 791.43

Livro de acordo com a normalização técnica da ABNT

Editora e Livraria Appris Ltda.
Av. Manoel Ribas, 2265 – Mercês
Curitiba/PR – CEP: 80810-002
Tel. (41) 3156 - 4731
www.editoraappris.com.br

Printed in Brazil
Impresso no Brasil

Edival Saraiva de Oliveira Neto

OUTROS NORDESTES POSSÍVEIS
GÊNERO E ABJEÇÃO EM ORGIA
OU O HOMEM QUE DEU CRIA (1970) E TATUAGEM (2013)

FICHA TÉCNICA

EDITORIAL	Augusto V. de A. Coelho
	Sara C. de Andrade Coelho
COMITÊ EDITORIAL	Andréa Barbosa Gouveia (UFPR)
	Jacques de Lima Ferreira (UP)
	Marilda Aparecida Behrens (PUCPR)
	Ana El Achkar (UNIVERSO/RJ)
	Conrado Moreira Mendes (PUC-MG)
	Eliete Correia dos Santos (UEPB)
	Fabiano Santos (UERJ/IESP)
	Francinete Fernandes de Sousa (UEPB)
	Francisco Carlos Duarte (PUCPR)
	Francisco de Assis (Fiam-Faam, SP, Brasil)
	Juliana Reichert Assunção Tonelli (UEL)
	Maria Aparecida Barbosa (USP)
	Maria Helena Zamora (PUC-Rio)
	Maria Margarida de Andrade (Umack)
	Roque Ismael da Costa Güllich (UFFS)
	Toni Reis (UFPR)
	Valdomiro de Oliveira (UFPR)
	Valério Brusamolin (IFPR)
SUPERVISOR DA PRODUÇÃO	Renata Cristina Lopes Miccelli
ASSESSORIA EDITORIAL	Dione Kehl de Araújo Silva
REVISÃO	Edival Saraiva de Oliveira Neto
PRODUÇÃO EDITORIAL	Danielle Paulino
DIAGRAMAÇÃO E CAPA	Danielle Paulino
COMUNICAÇÃO	Carlos Eduardo Pereira
	Karla Pipolo Olegário
	Kananda Maria Costa Ferreira
	Cristiane Santos Gomes
LANÇAMENTOS E EVENTOS	Sara B. Santos Ribeiro Alves
LIVRARIAS	Estevão Misael
	Mateus Mariano Bandeira
GERÊNCIA DE FINANÇAS	Selma Maria Fernandes do Valle

AGRADECIMENTOS

Em uma das aulas assistidas durante o mestrado, li um texto de Guerreiro Ramos aonde o sociólogo afirmava que não existe sociologia de maneira espontânea, mas que a produção sociológica é fruto de cooperação e é cumulativo. Essa frase, durante meu período de permanecia no PPGS-UECE, foi se mostrando cada dia mais assertiva, pois sem algumas pessoas esse trabalho não seria possível. Em primeiro lugar gostaria de agradecer minha mãe Anália e minha avó Clarinda, as grandes responsáveis por estarem comigo nessa caminhada, seguindo e apoiando todos os meus passos, e me incentivando em todas as minhas decisões. Afinal, "viajo porque preciso, volto porque te amo", e eu amo vocês. Agradeço a meu pai, Roberto Siebra, também foi peça fundamental nesse processo, mostrando nos estudos uma possibilidade de transformação e que, com o tempo, foi se mostrando um exemplo a ser seguido. Sarah também foi uma pessoa fundamental nessa jornada "mestre quero ser" e que entre letras maiúsculas e minúsculas, se fez presente mesmos estando distante. Grande parte desse trabalho não teria ganhado materialidade se não fosse pela orientação de Guilherme Marcondes dos Santos. Responsável por me apresentar uma bibliografia maravilhosa que jamais teria contato se não fosse suas aulas e orientações e que se tornaram leituras que mudaram minha visão de mundo e mostraram as complexidades de se pensar através da sociologia. Sua paciência, dedicação, abertura ao diálogo e os puxões de orelha me fez entender como se faz uma pesquisa séria, complexificando os debates e que se tornou um exemplo de pesquisador e de profissional a quem passei a admirar ainda mais e se transformou em uma referência, não só como intelectual, mais como pessoa. Devo meus agradecimentos a tio Getúlio e tia Ivone, bem como Rodrigo e Kamila, que durante minha estadia em Fortaleza para a conclusão do mestrado me fizeram sentir em casa, e entre conversas, cervejas e cafés, fizeram esse processo de mudança menos solitário.

APRESENTAÇÃO

O presente trabalho analisa as imagens fílmicas relativas às questões de gênero nos filmes *Orgia ou o homem que deu cria* (TREVISAN, 1970) e *Tatuagem* (LACERDA, 2013), cujas histórias se passam em uma espacialidade convencionalmente chamada de Nordeste. Essa região é pensada, então, como produção imagético-discursiva, com um período de emergência definido. Nesse processo em que a região se materializa, vários signos emergem caracterizando-a, tais como: a seca, o cangaço, o messianismo, o coronelismo, entre outros (ALBUQUERQUE JÚNIOR, 2011 2013; VIEIRA, 2000). Paralelo a isso, observamos a construção de um sujeito pensado no masculino, *cabra macho*, assim, a masculinidade é associada diretamente à região referida. Nesse sentido, pensar o Nordeste e o nordestino e os *discursos* (FOUCAULT, 1984, 1996, 2019) sobre o gênero, em que a heterossexualidade é a norma capaz de tornar em seres *abjetos* (BUTLER, 2019; MISKOLCI, 2017) tudo aquilo que dela escapa. Para tanto, desenvolvemos reflexões sobre a questão da nordestinidade e das questões de gênero enquanto categorias que se entrelaçam, os dois filmes mencionados tensionam a essencialidade atribuída tanto a categoria de região, como a de gênero. A metodologia adotada foi a análise fílmica (VANOYE; GOLIOT-LÉTÉ, 2012), associada a uma sociologia do cinema (BISPO, 2019; LEME, 2011; MENEZES, 2017; MORIN, 2001). Ademais, através do processo de decupagem, abarcamos aspectos da narrativa inerentes às questões elencadas.

PREFÁCIO

O buraco sem fundo das identidades

Como um dia fez Alice, eu convido o leitor desse livro a se esgueirar por um buraco, por um orifício, que tal como aquele que levava ao País das Maravilhas, parece ser a borda ou o limiar de uma nova realidade, de um novo mundo. Sendo o orifício das carnes humanas menos valorizado, até mesmo desqualificado, sendo o olho cego que inverte a centralidade dos olhos que veem, na corporeidade humana, notadamente em culturas oculocêntricas como a cultura ocidental, o ânus ou o cu, parece ser a passagem para uma visão invertida do mundo, aquela visão carnavalizada tratada por Mikhail Bakhtin. O baixo corporal, a qual pertence esse olho cego, esse olho aberto, esse olho penetrável, seria a dimensão prevalecente no processo de carnavalização do mundo. Expelir matérias pelo traseiro, fazer remissão ao ato da excreção ou mesmo à soltura dos gases fétidos, dos peidos que sonorizam, por vezes, essa superfície rugosa, faz parte de toda uma tradição cômica nas artes ocidentais, como: a bufonaria, o circo, a figura do palhaço. Orifício de onde sai as fezes, a merda, orifício, portanto, sem nenhuma nobreza, o cu parece ser o umbral para um mundo, literalmente, de cabeça para baixo, um mundo socialmente associado a dejeção e a abjeção. Se, supomos, comumentemente, que a verdade do mundo, a realidade das coisas, nos chegam através dos olhos, entram em nós através da visão, que mundo seria aquele que surgiria através da entrada pelo outro olho, a que realidades e verdades teríamos acesso ao realizar a aventura do conhecer - tal como pensada no ocidente, ou seja como um processo de penetração, de atravessamento, do que seria a superfície das aparências, das superfícies dos objetos e sujeitos -, através de uma descida as entranhas, através desse olho que pisca, que se contrai e se distende?

Estamos te convidando leitor para ler um livro que aborda duas obras cinematográficas que parecem ter em comum, embora os quarenta anos que separam as suas produções, o fato de proporem uma outra forma de olhar, uma outra forma de produzir imagens acerca da sociedade brasileira e, mais particularmente, acerca da região Nordeste. Se toda obra cinematográfica é produto de uma visualidade, de uma dada maneira de ver e de produzir imagens, se o próprio cinema é uma tecnologia e uma arte ligadas à centralidade da cultura visual, da imagem nas sociedades ocidentais, que o inventou, os filmes *Orgia ou o homem que deu cria,* do cineasta, escritor e militante homossexual João Silvério Trevisan, e *Tatuagem,* do cineasta Hilton Lacerda, parecem querer transgredir a ordem visual, parecem querer produzir uma inversão na visualidade e na visibilidade da própria região Nordeste e dos personagens míticos a ela ligados, como: o coronel, o cangaceiro, o cabra macho, apelando para a centralidade do olho do cu, a uma visão de baixo. Eles fazem a história vista de baixo e vista do baixo. Essa mirada está ligada a toda tradição cômica, carnavalesca, da produção do grotesco, do burlesco, que faz parte de forma ainda mais central na sociedade brasileira, onde o carnaval é uma das nossas mais importantes expressões culturais.

O riso, a ironia, o sarcasmo, o escracho são também formas de ver e representar o mundo muito presentes nas subculturas homossexuais, na chamada cultura camp, que no Brasil podemos nomear de cultura da "fechação". Os homossexuais, transexuais, travestis, todo o universo LGBTQIA+, costumam ser vistos como estando centrados em torno das carnes, do sexo, dos genitais, mas, sobretudo em torno do ânus. É como se as identidades homossexuais girassem em torno desse orifício, como se o fato de fazerem do cu objeto de prazer, notadamente, o fato de se deixar penetrar pelo traseiro fosse o definidor do próprio ser desses personagens. No entanto, o universo da homossexualidade é marcado, sobretudo, pelo questionamento cotidiano, material e prático das identidades fechadas e tidas como normais. A visão carnavalesca do mundo é aquela que, justamente, faz sobressair e tornar visível a dimensão de máscara de todas as nossas identidades. Com o carnaval aprendemos que o ser é mascarado, que não temos um único e mesmo rosto, que mudamos de roupa e de rosto em cada contexto e situação social em que nos encontramos. O carnaval expõe o fato de que a história humana é uma mascarada, é um baile de máscaras. Nas vivências das homossexualidades, das homossociabilidades, das homoafetividades, se pode aprender que as chamadas identidades podem desabar com um mero golpe de língua no ânus. Se as identidades são elaborações na linguagem, na língua, elas podem ser abaladas e desmontadas com apenas uma linguada. Os homossexuais aprendem, com a vida, que as identidades, inclusive as identidades de gênero, aquelas que separam os seres em masculinos e femininos, são performativas, elas são produto do aprendizado social e cultural de formas de ser, de estilos de vida e comportamento, da encarnação de regras, normas, códigos e preceitos, são fabricadas pela repetição inconsciente de gestos, poses, falas, trejeitos, andares.

Aqueles que vivem em uma posição equívoca em relação a ordem heteronormativa, que estão e não estão no interior dessa ordem, que constituem aquilo que Jacques Derrida nomeou de diferência, desenvolvem formas irônicas de olhar e dizer o mundo, pois por experiências próprias sabem que as identidades são móveis, são atuações teatrais com a pretensão de verdade, de substância, de fixidez. Os dois filmes abordados de forma sensível e inteligente por Edival Saraiva de Oliveira Neto assumem esse olhar equívoco, para tratar da própria equivocidade do ser nordestino, do homem nordestino, tido e havido como cabra macho sim senhor, como uma das últimas reservas autênticas de virilidade num país que se moderniza, se urbaniza e se civiliza. E seria, justamente, nas cidades que poderiam aparecer seres como aqueles que compuseram o grupo Vivencial Diversiones, grupo teatral pernambucano, que desafiou a censura e a ditadura com seus espetáculos transgressivos e escrachados, tema do filme *Tatuagem*. O grupo, por ser da região que tem na masculinidade exacerbada, um traço de definição identitária, se torna o ponto de partida para o questionamento e a carnavalização dessa identidade regional fechada e estereotipada. Podemos dizer que tanto o grupo, quanto o filme de Hilton Lacerda, enrabam o cabra macho nordestino, ao mirá-lo por trás, ao tomá-lo as avessas, ao abordá-lo a partir de um olhar de traseira. O título do filme é bastante significativo, ao remeter as identidades para o campo da inscrição, da escritura. As identidades sociais são tatuagens pois são marcas e marcações que se inscrevem na pele, no corpo, nas subjetividades. Toda ordem social tenta tatuar seus códigos em nossas carnes e em nossas subjetividades.

Mas a transgressão social, tal como aquela feita pelo grupo Vivencial Diversiones, pelas próprias vidas de seus integrantes, também remete para o universo da escritura. Trata-se de rasurar as marcas, os traços, deixados pela socialização primária, pela inserção na vida em sociedade. A inversão do que se considera a norma, o normal e até mesmo do que se julga ser natural é o que realiza o filme *Orgia ou o homem que deu cria*, pois, como o próprio título deixa explícito, o filme vai exibir, entre muitas outras cenas que constroem um mundo que parece ter saído dos eixos, um mundo que parece ter enlouquecido, um mundo delirante, fora do comum, um homem parindo, um homem dando cria. Para aumentar o grau de transgressão esse homem encarna um dos personagens símbolos da macheza, da valentia, da coragem, do heroísmo, da virilidade do homem nordestino: o cangaceiro. E por qual orifício um homem poderia parir, dar cria? Pelo único orifício por onde também poderia ser penetrado, fertilizado, engravidado: o cu. Tanto os espetáculos do Vivencial Diversiones, quanto o universo figurado pelo filme de Trevisan, remetem para o universo do orgiástico, que tem relações umbilicais com o universo carnavalesco. A orgia remete e figura o deslimite, a quebra das fronteiras, o atravessamento das marcas e marcos que dividem e hierarquizam uma dada ordem. Não há identidades sem limites, sem o estabelecimento de divisões, sem a marcação entre uma interioridade e uma exterioridade, sem marcas de pertencimento e exclusão. O orgiástico remete para a ideia da desordem, da mistura, da balburdia, da confusão entre corpos, do desmanchamento das divisões e distâncias que separariam as próprias carnes. O orgiástico remete a um mundo regido pelo gozo, pelo prazer, pelo id, pelas pulsões, uma espécie de devir animal, em que as personalidades, em que as personas, em que as identidades se dissolvem e se embaralham numa espécie de retorno e mergulho na natureza, para situações em que o superego abre espaço para a irrupção de formas de desejo que fariam, pretensamente, o ego se desmanchar, se dissolver, daí porque a orgia era, entre os gregos antigos, o momento de culto a Dionísio, o deus da embriaguez, o deus que permitia o homem viver a sensação de indiferenciação em relação ao cosmos.

Espero que os leitores não se choquem com a presença da palavra cu em vários momentos do próprio sumário. Espero que o preconceito com essa palavra e com esse orifício que todo mundo tem, que todo mundo utiliza, nem que seja só para cagar, não impeçam de adquirir e de ler uma obra muito séria e importante. Embora costumamos rir e fazer troça de nosso olho cego, embora ele pareça despertar a vontade de rir, em torno dele se pode fazer reflexões muito sérias e profundas. Se deixem seduzir por sua piscadela, se deixem atrair por um pensamento complexo, tão cheio de rugosidades como o dito cujo. Um livro que problematiza a identidade nordestina, a identidade do cabra macho, que expõe o caráter risível e grotesco dessa figura, que foi elaborada no início do século XX, como uma figura compensatória, como um modo que os filhos intelectualizados das elites agrárias, que os bacharéis urbanizados e suspeitos de não serem mais homens como antigamente, tiveram de lidar com a crise de um dada padrão, de um dado modelo de masculinidade, encarnado pelos patriarcas, que eles não conseguiam reproduzir.

Creio que esse livro merece leitura até pela genialidade das duas obras cinematográficas que aborda, pela mirada carnavalizante e burlesca que elas lançam em direção a um dado modelo de masculinidade e heterossexuali-dade. É um livro que articula com maestria uma crítica a identidade regional nordestina e uma crítica as identidades de gênero. O burlesco, o grotesco são gêneros narrativos que buscam por o mundo de ponta cabeça e, por isso mesmo, permite que os cineastas, e o grupo Vivencial Diversiones, possam propor olhar o mundo a partir de um outro olho e não apenas de um outro olhar. Cansados de serem reduzidos ao olho do cu, os homossexuais, as/os transexuais, as travestis, parecem propor esse desafio: e se olharmos para o mundo a partir de baixo e do baixo, e se mirarmos as coisas a partir da perspectiva do olho cego, do olho do prazer, do olho aberto para múltiplas aventuras e venturas? Essas obras se propõem a se abismar nos mistérios de nossas carnes, de nossos corpos, de nossos desejos, se abismar nas estranhas fétidas da nossa ordem social. Essa obra aborda dois filmes que nos convidam a girarmos em torno de um outro ponto de vista, equívoco, marginal, liminar, de onde uma outra visão da região e das identidades em e que vivemos é possível. Essa obra nos chama a atenção para o fato de que qualquer identidade é um buraco sem fundo, ou uma espécie de buraco do fundo, aquele em que, se muito se escava, acaba por dar merda. Assim são as identidades sociais, quando as escavamos aí encontramos matérias como preconceito, discriminação, hierarquização, classificação, exploração, abjeção, dominação. Olhar às avessas, olhar de trás para frente, abrir o olho para ser penetrado por outras imagens, é o que nos permite ver de forma diferente o que parece óbvio, normal, repetitivo. Nos deixar penetrar por objetos e sujeitos que são vistos e ditos como abjetos, até mesmo como dejetos sociais, como a caca que a sociedade pare e joga fora, dá descarga e atira aos esgotos e as sarjetas, é o que nos permite ter contato com outras histórias. Sentem, confortavelmente, sobre seu olho debaixo e, com os olhos de cima, leiam essa obra que levará vocês a fazerem a travessia para outro país, para outra região, para outro Nordeste, que podem não ser uma maravilha, mas que configuram mundos e momentos maravilhosos.

Natal, 23 de dezembro de 2023

Durval Muniz de Albuquerque Júnior

SUMÁRIO

1

INTRODUÇÃO 17

2

A IMPORTÂNCIA DAS IMAGENS, CINEMA MODERNO E ANÁLISE FÍLMICA: REFLEXÕES E METODOLOGIAS PARA SE PENSAR O FILME 49

2.1 A importância das imagens para a nossa cultura 49

2.2 Fotografia, cinema e modernidade 56

2.3 Cinema como arte do real 59

2.4 Como se analisa um filme? 63

2.5 Um percurso analítico 70

3

***ORGIA OU O HOMEM QUE DEU CRIA:* ENTRE A PARÓDIA, O DESBUNDE E A RESSIGNIFICAÇÃO** 75

3.1 Contextualização 76

    3.1.1 A arte e o cinema da época 80

    3.1.2 Trevisan: para além do intelectual 85

3.2 Fragmentos de um Nordeste 88

3.3 "Eu faço meu próprio gênero": a paródia enquanto crítica do essencialismo 95

3.4 O cangaceiro e a masculinidade ressignificada de Trevisan 102

    3.4.1 "Eu sou perigoso": a questão da masculinidade em *Orgia* 103

    3.4.2 "O homem pariu uma criança": o cangaceiro grávido 107

3.5 "Alguma coisa vai acabar" 113

4

***TATUAGEM* E A UTOPIA DO CU** 117

4.1 Contextualização 118

4.2 "E se duvidar até Deus tem um onipresente, onisciente e onipotente cu, cu, cu..." Vivencial Diversiones e a resistência através da arte 124

4.3 "Tem cu que é uma gracinha": a questão do corpo e do tabu em Tatuagem 128

4.4 "Tem cu do coronel e traz felicidade pro povo no quartel":
exército e a formação da masculinidade..132
4.5 "É foda, né! Essa história de ficar discriminando o sexo. Proibindo.
Eu nunca vi rola dar facada nem xoxota dá tiro em ninguém.
Mas tem que cobrir, esconder": como *Tatuagem* aborda a censura..................136
4.6 "Aqui começamos a fazer a pintura rupestre de um novo tempo"..............139

5
CONSIDERAÇÕES FINAIS 143

REFERÊNCIAS 149

INTRODUÇÃO

Imaginemos duas cenas. Na primeira, vemos, em um *campo largo*[1], um aglomerado de pessoas em um cemitério, fazendo movimentos como se fosse uma dança assíncrona, ecoando gritos generalizados em que um dos personagens verbaliza "eu matei meu pai". Nesse grupo, encontram-se um cego, uma anja com as asas quebradas, um padre, uma travesti, duas mulheres e todos esses indivíduos assistem a um cangaceiro parindo uma criança que, logo em seguida, é devorada por indígenas. Esses são os personagens do filme *Orgia ou o homem que deu cria*[2], filme feito em 1970 e que, devido à censura da ditadura civil-militar brasileira[3], só foi exibido 25 anos depois, em 1995, no Festival Mix Brasil de Cultura da Diversidade[4]. Já na segunda cena, vemos uma apresentação teatral do grupo fictício Chão de Estrelas. Nela, os atores encontram-se enfileirados, com seus cus à mostra durante um número musical. Ao som de *Polka do cu*, somos apresentados ao símbolo da utopia, representada na performance por uma coroa, remetendo ao cu. Em seguida, temos alguns *closes*[5] em que algumas bundas ganham destaque e seguimos com um *plano aberto*, em que a câmera se afasta dos corpos dos atores e nos mostra o teatro e o público. Vemos, então, os atores se dispersando enquanto verbalizam "tem cu, *thank you*" e, assim, encerra uma das apresentações da trupe teatral que, durante o regime militar, utilizava-se da arte e dos seus corpos como uma maneira de questionar a realidade em que estavam inseridos.

---

[1] Também chamado de *plano aberto* esse tipo de visão que mostra uma enorme variedade de elementos em cena, como, por exemplo, cenários nos quais o foco das imagens não fica restrito apenas aos atores, embora eles estejam em cena.

[2] No decorrer do presente texto, utilizaremos apenas *Orgia* para se referir ao filme aqui analisado. Essa escolha se dá no sentido de proporcionar uma melhor fluidez ao texto.

[3] Período histórico da política brasileira que, entre os anos de 1964 e 1985, teve à frente das decisões políticas uma sucessão de militares. Esse foi um período de nacionalismo exacerbado e de autoritarismo por parte estatal, portanto, a violência e repressão caracterizaram esse momento. Destacamos que esse período ditatorial, bem como a repressão de populações LGBTQIA + e as censuras impostas às manifestações culturais, durante essa época, serão abordadas e analisadas no decorrer do texto.

[4] Festival de cinema cuja programação do ano de exibição de *Orgia* pode ser acessada através do link: https://mixbrasil.org.br/3/wp-content/uploads/2022/11/3_1995.pdf.

[5] Ação de colocar um objeto ou personagem como foco imagético da cena.

Mas o que esses dois filmes têm em comum? Como um filme realizado em São Paulo, em um espaço conhecido como Boca do Lixo[6], por volta da década de 1970, produzido em um período em que o Brasil vivia sob uma ditadura civil-militar, sendo censurado, se comunica com um produzido no Recife mais de 40 anos depois, que tem como marco temporal de sua narrativa esse período autoritário e que, diferente do filme anteriormente citado, conseguiu um público de 46.618[7] espectadores[8]? Como esses filmes, cada um à sua maneira, reconfiguram os símbolos comumente tomados como tradicionais da região Nordeste, a exemplo do cangaceiro, do sertanejo e do cabra macho, tensionando também questões relacionadas a normatividade do gênero? Essas são algumas perguntas que consideramos importantes para o desenvolvimento deste trabalho. Portanto, adotamos, nessa pesquisa, a ideia de que tanto a região, como as características atribuídas aos seus habitantes, sob a denominação de uma identidade regional, são produtos de relações de poder em que são estabelecidos critérios que Foucault definiu como *regime de verdade*, ou seja:

> [...] os tipos de discursos que acolhe e faz funcionar como verdadeiros; os mecanismos e as instâncias que permitem distinguir os enunciados verdadeiros dos falsos, a maneira como se sanciona uns e outros; as técnicas e os procedimentos que são valorizados para a obtenção da verdade; o estatuto daqueles que têm o encargo de dizer o que funciona como verdadeiro[9].

O autor posiciona a verdade, dentro das relações de poder, em que certos atores estão envolvidos no processo de tornar determinado enunciado verdadeiro. Além disso, deve-se pensar nesses *regimes de verdade* como dentro de um contexto específico, ou seja, a depender do momento histórico, certos discursos tornam-se mais verdadeiros que outros. Desta forma, podemos pensar sobre determinados signos elaborados sobre a

---

[6] Também conhecido como Quadrilátero do Pecado, era uma área no centro da cidade de São Paulo onde se encontravam gays, lésbicas, prostitutas e transexuais. A própria forma de nomear esse lugar, atribuindo adjetivos como lixo ou pecado, revela uma ideologia higienista que ganhou força durante a ditadura militar, com reverberações até hoje na sociedade brasileira. Discutiremos a produção da Boca do Lixo, bem como a do cinema marginal no capítulo dedicado ao filme *Orgia ou o homem que deu cria*.

[7] Esses dados podem ser acessados através do link: https://www.gov.br/ancine/pt-br/oca/cinema/arquivos-pdf/listagem-de-filmes-brasileiros-lancados-1995-a-2021-1.pdf

[8] Destacamos que a ausência dos dados referentes ao público, bilheteria, etc. do filme *Orgia*, justifica-se pelo fato de que o filme não chegou a ser lançado em salas de cinema, tendo exibições restritas apenas a festivais dificultando o acesso a esses dados se comparado, por exemplo, a *Tatuagem* que teve um lançamento comercial.

[9] FOUCAUT, M. *Microfísica do poder*. Rio de Janeiro: Edições Graal, 4° ed. 1984, p.12.

OUTROS NORDESTES POSSÍVEIS:
GÊNERO E ABJEÇÃO EM ORGIA OU O HOMEM QUE DEU CRIA (1970) E TATUAGEM (2013)

região Nordeste e como estes foram elencados e apresentados, ganhando, assim, um status de verdadeiro, de real. Aqui, cabe citar, como exemplo desse *regime de verdade*, o livro de cunho jornalístico de Euclides da Cunha. Em *Os sertões*, publicado originalmente em 1902, o autor aborda a Guerra de Canudos, ocorrida no interior da Bahia entre os anos de 1896 e 1897. Na obra, de cunho positivista[10], que buscava um retrato fiel da realidade descrita, vemos um dos principais temas pelo qual o Nordeste foi pensado e, até hoje, tem sua imagem associada a ao fenômeno das secas. Dessa forma, segundo o autor, "o regime desértico ali se firmou[11]". Homogeneizando a região e sua condição de seca, com base em um determinismo geográfico, Euclides da Cunha cria um discurso de verdade sobre a região, e mais, tornando-se uma referência para se pensar o Nordeste, desenvolvendo um *regime de verdade*, no sentido foucaultiano. A partir desse entendimento, acreditamos que a noção de *regime de verdade* seja essencial para pensarmos os processos de homogeneização e consolidação da região e seus habitantes, como uma entidade homogênea, naturalizada e possuidora de uma essência quase imutável.

Refletindo sobre as formas pelas quais esses *regimes* circulam, podemos pensar no cinema como um desses mecanismos de transmissão, especialmente em virtude da centralidade que as imagens possuem em nossa sociedade[12]. E, se tratando de cinema, podemos referenciar o documentário[13] que foi pensado como o gênero cinematográfico que melhor representava a realidade. Vale, então, destacar o cinema como importante para a análise que aqui se propõe, pois o "cinema é, ao mesmo tempo, repertório e produção de imagens. Não mostra 'o real', mas os fragmentos do real que o público aceita e reconhece. Em outro sentido, contribui para ampliar o domínio do visível, para impor novas imagens[14]". Levando

---

[10]   O positivismo foi uma corrente filosófica e sociológica que teve em Auguste Comte sua figura central. Os pensadores dessa corrente pensavam que o conhecimento científico era uma maneira de atingir o progresso e para isso, o cientista social, tal qual o físico, deveria ser o mais objetivo e neutro possível nas suas análises. Para um debate mais aprofundado sobre essa corrente de pensamento característica do século XIX, recomendamos a leitura do livro *História das idéias sociológicas: das origens a Max Weber*(2008) de Michel Lallement

[11]   CUNHA, E. *Os sertões*. São Paulo: Martin Claret, 2016, p.52.

[12]   Vale adiantar ao leitor que esse debate será abordado, de maneira mais aprofundada, no próximo capítulo.

[13]   Cabe aqui uma referência ao livro *Introdução ao documentário* (2001), de Bill Nichols, em que o estudioso e crítico de cinema elabora uma reflexão sobre esse gênero cinematográfico, mostrando que até mesmo o documentário, como se é comum pensar, não é uma produção neutra, que retrata a realidade de maneira fiel. O documentário, argumenta o autor, é produto de escolhas, seleções do diretor, processo semelhante ao cinema ficcional.

[14]   SORLIN, P. *Sociologia del cine la apertura para la historia de mañana. Fondo de cultura económica, México*, 1977, p.60, tradução nossa.

isso em consideração, podemos pensar na importância que as imagens, em especial o cinema, têm no processo de atribuição de sentido ao que se convencionou a chamar de verdade.

Em uma linha argumentativa parecida, bell hooks insere a representação no nível do poder ao refletir sobre a forma como a população negra é representada, sobretudo pela literatura e pelo cinema, constatando que "da escravidão em diante, os supremacistas brancos reconheceram que *controlar as imagens é central para a manutenção de qualquer sistema de dominação* racial[15]". Embora a autora esteja colocando em foco questões raciais e de gênero, consideramos que suas reflexões possam ser ampliadas para pensarmos as representações sobre a região Nordeste. Portanto, pensar que tipos de imagens são comumente apresentadas, no que se refere à essa região, ou seja, aquelas que se encontram em maior evidência, bem como aquelas imagens que não são evidenciadas, de certa forma, corrobora para que, através de vários mecanismos, como a produção de imagem, se criem "verdades" sobre a região, e é no sentido de desconstruir certas imagens que este trabalho se desenvolve. Desta forma, pretendemos, com esse trabalho, analisar um mecanismo de produção de verdades sobre a região e seus habitantes, considerando as relações de gênero e de sexualidade.

Antes de prosseguir com a análise dos filmes, uma delimitação das categorias utilizadas no desenvolvimento deste trabalho se faz necessária. Destacamos, inicialmente, a produção de Durval Muniz que, em seu livro *A invenção do Nordeste e outras artes*, desconstrói o mito da região Nordeste como uma entidade possuidora de uma essência, portadora de uma natureza. Em sua obra, o autor propõe pensarmos a região Nordeste como:

> Uma identidade espacial, construída em um preciso momento histórico, final da primeira década desse século passado e na segunda década, como produto do entrecruzamento de práticas e discursos 'regionalistas'. Esta formulação, Nordeste, dar-se-á a partir do agrupamento conceitual de uma série de experiências, erigidas como caracterizadoras deste espaço e de uma identidade regional [16].

Tendo como referência a citação acima, podemos pensar a região Nordeste, bem como seus habitantes, enquanto produtos de uma prática discursiva que lhes atribui características fixas e, a partir delas, cria um

---

[15] HOOKS, b. *Olhares Negros – Raça e Representação*. São Paulo: Editora Elefante, 2019, p.33, grifos nossos.

[16] ALBUQUERQUE JÚNIOR, Durval Muniz de. *A invenção do Nordeste e outras artes*. 5ª ed. São Paulo: Cortez, 2011, p.33.

todo homogêneo, agrupado em uma identidade que pode ser reconhecida pela maioria da população, criando uma ideia de sentimento e pertença. Esse debate nos lembra os argumentos propostos por Benedict Anderson que, em 1983, pensou a formação do Estado Nação, atentando para a dimensão do sentimento e sua relação com o indivíduo. Partindo da ideia da *nação* enquanto uma *comunidade imaginada,* o autor argumentou que a nacionalidade é fruto de produtos culturais. Dessa maneira, para compreendermos a formação dessas comunidades "temos que considerar, com cuidado, suas origens históricas, de que maneira seus significados se transformam ao longo do tempo, e por que dispõem nos dias de hoje, de uma *legitimidade emocional tão profunda[17]*". Consideramos que esse componente emotivo é um dos motivos da força que a noção de identidade possui, pois, no caso específico da identidade aqui trabalhada, o *nordestino* acaba por criar laços afetivos com certas representações que se tem da região.

Contudo, pensar apenas nesses termos, ou seja, da legitimidade emocional frente ao processo de construção das identidades, aponta para a uma questão que consideramos crucial, nesse processo de construção da identidade. Estamos nos referindo ao *discurso* que, enquanto um campo analítico, nos coloca questões referentes não só à região como também ao gênero e a sexualidade e, por isso, se torna um mecanismo de análise interessante para se pensar as questões que aqui estão sendo propostas e que serão desenvolvidas ao longo do texto. Deste modo, a noção de *discurso,* neste texto, está em consonância com as ideias desenvolvidas por Foucault na sua aula inaugural no College de France, em 1970. Segundo o autor:

> O discurso, longe de ser esse elemento transparente ou neutro no qual a sexualidade se desarma e a política se pacifica, fosse um dos lugares onde elas exercem, de modo privilegiado, alguns de seus mais temíveis poderes. Por mais que o discurso seja aparentemente bem pouca coisa, as interdições que o atingem revelam logo, rapidamente, sua ligação com o desejo e o poder [...] o discurso não é simplesmente aquilo que traduz as lutas e ou os sistemas de dominação, mas aquilo porque, pelo que se luta, o poder pelo qual nos queremos apoderar[18]

---

[17] ANDERSON, B. *Comunidades imaginadas. Reflexões sobre a origem e a difusão do nacionalismo.* São Paulo: Companhia das Letras, 2008, p.30, grifos nossos.

[18] FOUCAULT, M; *A ordem do discurso: Aula inaugural no Collège de France, pronunciada em 2 de dezembro de 1970.* Edições Loyola; 24ª edição, 1996 p.9-10.

Como podemos perceber, a dimensão do *discurso* pode ser associada a um sistema de poder no qual a luta, o conflito e a disputa são características que devem ser consideradas, ao se pensar as formações discursivas de um dado contexto. Uma outra característica que nos chama atenção, ao pensarmos nesses termos de análise de discurso, é a ideia de neutralidade aparente, atribuída a essa categoria. Assim, podemos perceber nos discursos sobre a região Nordeste (bem como sobre o gênero e a sexualidade, que veremos adiante), que eles são colocados como neutros e, desse modo, ocultam a dimensão do conflito e de poder. Desse modo, refletir sobre esse sistema discursivo, enquanto imerso nas relações de poder, contribui com questões interessantes para o debate como, por exemplo: a quem interessa a ideia de neutralidade e homogeneidade pela qual a noção de região é comumente pensada? Quem domina discursivamente as formas de representação pelas quais o Nordeste e a masculinidade de seus habitantes são pensados? Tendo esses questionamentos como um ponto de partida, podemos nos atentar para o não dito do discurso que também se torna um mecanismo de análise interessante para tensionar as categorias centrais neste trabalho.

Esse não dito do *discurso* torna-se, também, uma ferramenta analítica importante, e sobre isso, Foucault alertou que:

> Não se deve fazer uma divisão binária entre o que se diz e o que não se diz; é preciso tentar determinar as diferentes maneiras de não dizer, como são distribuídos os que podem e os que não podem falar, que tipo de discurso é autorizado ou que forma de discrição é exigida a uns e outros. Não existe um só, mas muitos silêncios e são parte integrante das estratégias que apoiam e atravessam os discursos[19].

Como destacado, os silêncios ou as ausências também nos informam sobre os *discursos* e, como bem nos lembra o autor, devemos atentar também ao fato de quem é autorizado a falar, pois dentro do jogo de forças em que o discurso se insere, nem todos possuem assentimento nesse processo.

Aqui, cabe mencionar um trabalho que destaca a forma pela qual se da silenciamento de certos sujeitos e autoridade de outros. Em seu livro *Memórias da plantação: episódios de racismo cotidiano*, Grada Kilomba apresenta os mecanismos de silenciamento impostos às pessoas negras e, a partir de uma metáfora da máscara, a autora afirma que:

---

[19] FOUCAULT, M. *História da sexualidade 1: a vontade de saber*. 9º ed. Paz e terra, 2019, p 30-31.

> A máscara representa o colonialismo como um todo. Ele simboliza políticas sádicas de conquistas e dominação e seus regimes brutais de silenciamento dos/das chamadas/dos *'Outras/os'*: Quem pode falar? O que acontece quando falamos? E sobre o que podemos falar[20]

A autora, ao remeter à noção de máscara, resgata a imagem de Anastácia, mulher escravizada a quem foi imposto o castigo em virtude de sua postura contra uma violência sexual que lhe teria sido imposta. Dessa forma, a utilização te tal instrumento, ou seja, a máscara de flandres, era tanto para impedir o suicídio de pessoas negras, por ingestão de terra, como para que sujeitos escravizados falassem, no sentido literal da palavra, mas, também pode remeter aos diversos silenciamentos que a população negra sofreu e ainda sofre, como consequência do colonialismo.

A autora portuguesa retorna ao passado colonial para argumentar que esses silenciamentos, sofridos pelos negros durante a escravização, têm reverberações presentes. Para justificar essas afirmações, Kilomba pensa a partir do campo científico, tendo em vista que grande parte da universidade é constituída por pessoas brancas, porque elas têm mais acesso ao ensino universitário, sendo assim, constroem-se os saberes científicos de um modo que invalida saberes advindos de pessoas negras e demais grupos racializados. Feita essa consideração, podemos estender esse debate do silenciamento para as questões referentes às imagens apresentadas sobre a região Nordeste, ou seja, buscando compreender quais representações o discurso dominante apaga, oculta e silencia, e acreditamos que os dois filmes escolhidos para a análise ilustram essas questões.

Identificar esses elementos do *discurso*, o não dito e a autoridade de sua produção, nos faz pensar tanto na produção discursiva sobre o Nordeste, bem como nos discursos elaborados sobre o gênero. Afinal, quem tinha/tem o poder de criar narrativas sobre uma determinada região? A quem interessa silenciar a produção acadêmica produzida por mulheres, como denuncia Kilomba (que, para além da dimensão racial do silenciamento, também situa o debate em relação ao gênero)? A quem interessa teorizar o gênero, a partir de um binarismo no qual a biologia assume um papel central na construção ocidental de sentido sobre o gênero, como destaca Oyèrónkẹ́ Oyěwùmí[21]? Acreditamos que os filmes, aqui analisados, destacam essa

---

[20] KILOMBA, G. Memórias da Plantação – Episódios de Racismo Cotidiano. Rio de Janeiro: Cobogó, 2019, p.33.

[21] OYÊWÙMÍ, Oyèrónké. *A invenção das mulheres: construindo um sentido africano para os discursos ocidentais de gênero*. Rio de Janeiro: Bazar do Tempo, 2021.

dimensão do não dito e da autoridade discursiva, pois, o filme *Orgia* foi impedido de ser lançado devido a seu caráter de subversão à moral e aos bons costumes[22] e *Tatuagem*, por proporcionar a reflexão sobre formas de resistência através da arte e do corpo, questionando os limites da heteronormatividade. Apontar essas questões é imprescindível para pensarmos os temas aqui descritos, principalmente, ao pensarmos a região Nordeste e os *discursos* sobre o gênero.

Ainda dentro das reflexões sobre os discursos que, segundo Orladin (2005), surgem nos anos de 1960, em diálogo com várias áreas do conhecimento, como a Linguística, o marxismo e a Psicanálise, temos a teoria, desenvolvida por Stuart Hall de que, ao se referir ao discurso, este apresenta-se como aquilo que:

> [...] representa o que é claramente diferenciável (as variadas culturas europeias) como algo homogêneo (o Ocidente). Afirma-se fortemente que essas culturas diferentes são unificadas pelo argumento de que eles todos são diferentes do Resto. Da mesma maneira, o Resto, embora reconheça diferenças internas, é representado sob a mesma lógica de que são todos diferentes do Ocidente. Em suma, o discurso como 'sistema de representação', interpreta o mundo por uma lente dicotômica – o Ocidente e o Resto[23].

Embora Hall pense em termos de Ocidente, ou seja, toda a cultura ocidental branca pautada no modelo norte-americano e europeu, e seu oposto que seria o *Resto*, as características que o autor atribui a essas espacialidades podem ser usadas como análogas às reflexões que vêm sendo desenvolvidas para pensar a região contemplada por este trabalho. Desse modo, a região Nordeste é pensada como um espaço homogêneo, não só em relação à sua geografia ou características climáticas, como também em questões culturais. É como se os 1.588.000 de km² de extensão territorial, que abrange nove estados do Brasil, fossem igualmente assolados pela seca ou que possuissem uma mesma cultura e costumes.

Corroborando com essa ideia de região, como sendo formada a partir dos *discursos*, o trabalho de Sulamita Vieira também se mostrou basilar para as análises que aqui propomos. Para a autora, a:

---

[22] Detalharemos esse processo de interdição ao filme *Orgia* no capítulo dedicado à sua análise.

[23] HALL, S. *O Ocidente e o resto: discurso e poder.* Projeto História: Revista do Programa de Estudos Pós-Graduados de História, v. 56, 2016, p. 319.

> [...] construção é também histórica, as definições podem variar, não só com o contexto e o tempo mas também em decorrência do lugar social que as pessoas ocupam. Em outras palavras, há critérios e mecanismos diferentes, utilizados nas classificações, dependendo, também, de quem as faz. E nunca é demais lembrar que são muitas as mediações existentes em qualquer processo de classificação[24].

Através da autora, somos levados a considerar as múltiplas mediações envolvidas nesse processo de criação, de quem possui legitimidade acerca da narrativa, de qual lugar social emergem as reflexões tradicionais sobre o Nordeste. Em outras palavras, a autora coloca esse ato de criação dentro da esfera do poder, fato que, para fins analíticos, consideramos fundamental. Tal argumentação está em consonância com as proposições de Albuquerque Júnior, ainda que percebamos diferenças quanto ao enfoque elaborado pelos dois autores. A obra de Albuquerque Júnior[25] nos leva a pensar, partindo da História, o processo de construção do que seria o Nordeste enquanto espaço regional naturalizado, buscando a origem das coisas, de como o antigo Norte foi transformado em uma região, na qual seca, miséria, valentia, entre outros elementos, caracterizam-na. Para isso, o autor se utiliza de várias manifestações artísticas como a literatura, a música e o cinema para explicar esse processo da *invenção* do Nordeste. Para tal autor, as formulações do teórico Michel Foucault são constantemente evocadas. Já na análise desenvolvida por Sulamita Vieira[26], a dimensão do simbólico, com base nas formulações teóricas de Pierre Bourdieu, emerge como o foco de análise e, nesse sentido, acreditamos que pensar nessa dimensão, em que o símbolo surge como um elemento organizativo de uma determinada sociedade, é essencial para a compreensão da formação imagética do que foi e é o Nordeste. E, para sustentar seu argumento, a autora utiliza como exemplo a música, em especial, a produção de Luiz Gonzaga, para explicar a dinâmica que, simbolicamente, construiu a região Nordeste. Embora possuam bases teóricas diferentes, os dois autores questionam a naturalidade e a coesão da região, colocando seus processos no escopo das formações de poder.

Dentre vários elementos que tornam essa unidade espacial supostamente coesa conhecida como Nordeste, a masculinidade emerge enquanto

---

[24] VIEIRA, S. *O sertão em movimento: a dinâmica da produção cultural.* São Paulo: Annablume, 2000, p.146-147.

[25] ALBUQUERQUE JÚNIOR, Durval Muniz de. 2011.

[26] VIEIRA, S. 2000.

um elemento central na compreensão dessa espacialidade. Nesse sentido, masculinidade é uma categoria de análise importante para as reflexões apresentadas a seguir, já que, como dito, dentre todas as características atribuídas ao nordestino, a masculinidade emerge como uma das mais marcantes ao se pensar o Nordeste, pois "é fundamental na construção de uma figura homogênea e característica que se chamará nordestino[27]". Pensamos que a masculinidade é de suma importância no processo constitutivo desse amálgama que se convencionou chamar Nordeste, em que a seca, a miséria, a pobreza, a força e a valentia são características centrais na consolidação de uma identidade regional enquanto essa entidade monolítica e essencializada.

A análise do essencialismo, presente no discurso sobre a região, pode ser aplicada também ao gênero e à sexualidade, portanto, ao abordar essas categorias, as reflexões apresentadas pelos estudos *queer* podem ser utilizadas como fundamento para essa avaliação. Contudo, antes de destacarmos as principais contribuições de teóricos desse campo de estudos, esclareceremos duas categorias analíticas distintas e que, dentro das ciências sociais, estão envolvidas em um amplo debate. Estamos falando das categorias de gênero e sexualidade, desenvolvidas no campo dos estudos de gênero.

O debate sobre gênero ganha relevância enquanto categoria analítica, segundo Scott[28], só no final do século XX e surge com pretensão de atribuir objetividade aos estudos da mulher (*Woman Studies*), campo entendido como muito pessoal e pouco objetivo para os padrões de objetividade da ciência, em que o pesquisador tinha que ser o mais neutro possível. Mas o termo gênero surge, também, "para reivindicar um certo terreno de definições, para sublinhar a incapacidade das teorias existentes para explicar as persistentes desigualdades entre as mulheres e os homens[29]". Desta forma, o gênero como uma categoria de análise tem um momento de emergência específico, o século XX, e com objetivo de explicar a assimetria entre os gêneros, pensado a partir do binômio feminino e masculino. Desde então, surgem vários estudos relacionando o gênero e outras dimensões da

---

[27] ALBUQUERQUE JÚNIOR, Durval Muniz de. Nordestino: A invenção do "falo"-uma história do gênero masculino. (1920-1940). 2°ed. São Paulo: Intermeios, 2013, p 23.

[28] SCOTT, J. *Gênero: uma categoria útil de análise histórica*. 1995.

[29] ibidem, p. 85.

vida social, como classe [30] e raça[31]. Além do desenvolvimento de estudos sobre a masculinidade[32], promovendo vários debates buscando entender as relações entre os gêneros e outras categorias socialmente construídas.

Assim, várias teóricas e teóricos buscaram compreender as relações existentes entre os gêneros e buscaram separar analiticamente as categorias de sexo e gênero. Disto isso, podemos citar a contribuição de Gayle Rubin que, em diálogo com a Psicanálise e a Antropologia, desenvolveu a noção do sistema *sexo-gênero*, que seria o processo em que o sexo biológico, baseado nos órgãos genitais, seriam incorporados no âmbito da cultura, e que o sexo, ou seja, um fator biológico e reprodutivo, ganha dimensões culturais, no qual a forma de praticar atos sexuais estaria associada a uma dada cultura[33]. Desta maneira, o sexo deixaria de ser associado a uma dimensão puramente biológica e passaria a ser, também, criação humana, que ficaria, dentro das teorias, descrito como gênero.

Vale destacar que essa linha entre o biológico e o cultural não pode ser pensada de maneira simplista e que, até o sexo, pode ser colocado em debate. Deste modo, recorremos a Butler (2017), que adensa essa reflexão, ao afirmar que:

> [...] o gênero não está para a cultura como o sexo para a natureza; ele também é o meio discursivo/cultural pelo qual a 'natureza sexuada' ou um 'sexo natural' é produzido e estabelecido como 'pré-discursivo', anterior à cultura, uma superfície politicamente neutra *sobre a qual* age a cultura[34].

Aqui, tanto o sexo como o gênero são produtos das práticas discursivas e que a suposta naturalidade, atribuída ao sexo, devido a seu carácter biológico, é também pensada através de campos de disputa, e essa divisão entre natural e cultural é apenas um mecanismo para mascarar as relações de poder envolvidas no processo de naturalização das categorias. Embora pensar por esse viés seja interessante para desnaturalizar categorias até então tidas como naturais, acreditamos que uma separação conceitual

---

[30] SAFFIOTI, H. *A mulher na sociedade de classes: mito e realidade*. Petrópolis: Vozes, 1976.

[31] GONZALEZ, L. *Racismo e Sexismo na Cultura Brasileira*. In: SILVA, Luiz Antônio Machado et alii. Movimentos sociais urbanos, minorias étnicas e outros estudos. Brasília, ANPOCS, p.223-44, 1983.

[32] CONNELL, R W.; MESSERSCHMIDT, James W. *Masculinidade hegemônica: repensando o conceito*. Revista Estudos Feministas, v. 21, n. 01, p. 241-282, 2013.

[33] RUBIN, G. *Pensando o sexo. Políticas do sexo*. 2017, p.17.

[34] BUTLER, B. *Problemas de gênero: feminismo e subversão da identidade*. Rio de Janeiro: Civilização Brasileira, 2017, p.27.

entre sexualidade e gênero se faz necessária, pois os dois filmes aqui analisados abordam essas questões de maneira particular e, devido a isso, uma separação analítica dessas categorias se faz necessária, a começar pela sexualidade.

Essa categoria, a sexualidade, no presente texto, tem como base as reflexões de Foucault que, ao escrever sobre a história da sexualidade, a define como:

> [...] um dispositivo histórico: não à realidade subterrânea que se apreende com dificuldade, mas à grande rede da superfície em que *a estimulação dos corpos, a intensificação dos prazeres*, a iniciação ao discurso, a formação dos conhecimentos, o reforço dos controles e das resistências encadeiam-se uns aos outros, segundo algumas grandes estratégias de poder e saber[35].

Essa definição nos sugere uma série de questões para pensarmos a sexualidade. Primeiramente, o autor destaca o caráter histórico da sexualidade como *dispositivo*[36], dessa maneira, afirma que este é fruto de práticas discursivas em que a relação poder e saber é essencial no processo de construção de uma sexualidade. Mas, uma dimensão que o autor nos apresenta, e que merece destaque, é a dimensão do corpo e dos prazeres, de seus usos. Esse elemento, vale a ressalva, ao se falar de sexualidade, pois percebemos que a dimensão corporal, bem como os desejos e prazeres, é uma constante quando pensamos os dois filmes aqui selecionados.

Aqui cabe trazermos uma reflexão pertinente acerca da sexualidade e de como ela também pode ser pensadas em termos de relações de poder e pertinente para pensarmos questões centrais deste trabalho. Rubin vai afirmar que

> O domínio da sexualidade também tem uma política interna, desigualdades e modos de opressão próprios. Assim como acontece com outros aspectos do comportamento humano, as formas institucionais concretas da sexualidade em determinado tempo e lugar são produtos da atividade humana. Elas são permeadas por conflitos de interesses e manobras políticas, tanto deliberadas quanto incidentais[...] Mas há também períodos históricos em que as discussões sobre

---

[35] FOUCAULT, M. 2019, p. 115, grifos nossos.

[36] Foucault (1984) define dispositivo como sendo um conjunto de elementos heterogêneos como instituições, leis, a ciência, entre outros que, reunidos, formam uma rede que atua nas estratégias de poder.

a sexualidade são mais claramente controvertidas e mais abertamente politizada. Nesses períodos, o domínio da vida erótica é com efeito renegociado[37].

Aqui a autora corrobora com Foucault[38] ao atribuir historicidade a sexualidade e colocá-la dentro de uma dimensão política. Um outro fator que devemos considerar, com base no exposto na citação acima é que, em determinados momentos históricos, a sexualidade e os discursos atribuídos a ela toma um caráter abertamente politico. Embora esteja se referindo a Inglaterra e aos Estados Unidos, podemos nos apropriar dessa reflexão para pensarmos o Brasil, que, como veremos, no período da ditadura civil-militar tinha um discurso acerca da sexualidade que visava normalizar os indivíduos no que se diz respeito a sexualidade.

Devemos nos atentar que a sexualidade pensada em termos da hete-rossexualidade acaba por suprimir "a multiplicidade subversiva que rompe as hegemonias heterossexual, reprodutiva e médico-jurídica[39]" ou seja, o modo como a heterossexualidade é imposta como normalidade seja atra-vés da medicina (por meio da normalização dos corpos e dos órgãos), seja através de normas jurídicas (proibindo casamento de pessoas do mesmo sexo, por exemplo) temos o apagamento de outras formas de vivenciar o uso dos corpos, de ter prazeres, bem como a produção de desigualdades de acessos a direitos, etc. E nos dois filmes aqui analisados temos formas, para além dessa heterossexualidade normativa, de outras sexualidades, em que o corpo surge como uma potência politica e de experimentação.

A categoria gênero também é mobilizada durante as estórias dos filmes, sendo, então, necessário defini-la. Para começar, é importante ressaltar que o conceito de gênero não é consenso teórico e, além disso, é uma categoria que constantemente incorpora novas discussões. Cabe destacar, para exem-plificar o que foi dito anteriormente, o livro *Gênero: uma perspectiva global*, de Raewyn Connell e Rebecca Pearse[40]. Na obra citada, somos apresentados a uma ampla abordagem sobre o gênero, mas destacamos o capítulo em que as autoras pensam a relação de gênero e mudança ambiental, a fim de ilustrar ao leitor como novos debates estão a todo momento incorporados nos debates sobre o gênero.

---

[37] RUBIN, G. 2017, p.64.

[38] FOUCAULT, M. 2019.

[39] BUTLER, J. 2017, p. 47.

[40] CONNELL, Raewyn; PEARSE, Rebecca. *Gênero: uma perspectiva global*. SÃO PAULO: NVERSOS, 2015.

Cabe destacar também que essa categoria é, como demonstrou Segato[41], um campo de constate disputa, em que direita e esquerda, enquanto ideologias políticas, criam visões diferentes sobre o seria gênero, mobilizando conceitos com base em seus projetos políticos de sociedade.

Considerando essas ressalvas feitas ao conceito de gênero, de seu caráter político e de sua multiplicidade de abordagens, neste trabalho, pensaremos gênero através da perspectiva da teoria *queer*, cuja formulação encontra suas bases na teoria de Butler, que pensa essa categoria em termos de *performatividade*, cuja principal característica seria a *repetição estilizada de atos* [42] dentro de uma estrutura, e por ser constantemente repetida, acaba por criar uma ideia de gênero como algo fixo, portadora de uma essência e imutável.

Aqui, para nos ajudar a compreender melhor essa *performance* a qual Butler nos fala, cabe referência a um texto de Roberto Marques[43] que ao articular festa (pensada enquanto uma tecnologia de gênero), forró eletrônico e gênero no Nordeste, através de uma etnografia em uma festa, demonstra como os sujeitos de sua pesquisa em determinadas espacialidades tendem a performar ações atribuídas ao masculino e ao feminino. Retomar a esse texto torna-se aqui necessário pois, em primeiro lugar, o autor nos da mais instrumentos para pensar em termos de *performatividade* dando exemplos mais concretos a partir de situações e espacialidades específicas e em segundo lugar o texto articula as principais categorias presentes nesse trabalho, ou seja, gênero, região e sexualidade.

Pensar nos termos da *performatividade*, como propõe a autora, nos ajuda a compreender as características mais aparentes dos gêneros, ou seja, através dos atos, dos usos dos corpos, da forma como os indivíduos se apresentam como masculinos ou femininos. Essas características são aparentes e são, muitas vezes, usadas como critério para dar invisibilidade dos corpos. Essas características, repetidas e aparentes, são responsáveis, segundo a autora, por criar a noção de que existe uma "mulher de verdade", produzindo, assim, uma ilusão da realidade[44]. Embora Butler parta da categoria mulher para criticar o essencialismo do gênero, pode-

---

[41] SEGATO, Rita Laura. *Gênero e colonialidade: em busca de chaves de leitura e de um vocabulário estratégico descolonial.* E-cadernos ces, n. 18, 2012.

[42] BUTLER, J. 2017, p. 242.

[43] MARQUES, Roberto. *O cariri e o forró eletrônico. Percurso de uma pesquiosa sobre festa, gênero e criação.* In: Objetos não-identificados: deslocamentos e margens na produção musical do Brasil. Crato (CE): RDS, 2014, p.99.

[44] BUTLER, J. 2017, p. 235.

mos estender também essa crítica ao homem que, a todo momento, está performando sua masculinidade por meio de gestos, formas de vestir e se colocar perante os outros.

Uma segunda consideração a ser feita é que, embora Butler acredite que exista uma estrutura que produz e reproduz essa repetição, sua teoria se recusa a pensar qualquer tipo de determinismo, seja biológico ou social. E o gênero, nessa perspectiva, está a todo momento sendo reencenado, atualizado, questionado e, para a autora, a figura da travesti é um exemplo desse processo cujo debate se dará de forma aprofundada no capítulo em que analisaremos o filme *Orgia*.

Por fim, essa ideia de gênero, como foi exposta acima, critica todo tipo de essencialização das identidades, acredita que o gênero não pode ser entendido fora das relações de poder por criarem identidades inteligíveis, ou seja, aqueles indivíduos que seguem o padrão determinado são considerados sujeitos, enquanto os que subvertem ou se negam a seguir a ordem estabelecida, são enquadrados enquanto *abjetos*. Acreditamos que essa forma de pensar o gênero, além de apresentar de maneira ampla as várias facetas do gênero, nos apresenta desdobramentos importantes para pensarmos essas relações, tais como as noções de *abjeção* e *paródia de gênero,* que serão analisadas nas páginas que seguirão.

A perspectiva de gênero adotada nesse trabalho segue uma abordagem que convencionou chamar de *Queer*:

> [...] que em termos tanto políticos quanto teóricos, surgiu como um impulso crítico em relação à ordem sexual contemporânea, possivelmente associado à contracultura e às demandas daqueles que, na década de 1960, eram chamados de novos movimentos sociais[45].

Esses novos movimentos sociais, ainda segundo Miskolci[46], abordavam as questões do privado como sendo uma dimensão política, bem como dava centralidade a reflexões que abordassem corpo e desejo, e que essas esferas também faziam parte do campo político, não sendo apenas aspectos relacionados ao indivíduo. Como exemplos desses movimentos, o sociólogo cita a luta feminina, no que diz respeito aos métodos contraceptivos e a estigmatização da população gay dada a pandemia da AIDS, bem como a Psicologia, questionando o status de "normalidade" desses indivíduos

---

[45] MISKOLCI, R. *Teoria Queer: um aprendizado pelas diferenças.* Autêntica, 2017, p 21.

[46] ibidem, p. 22.

homossexuais. E, nesse contexto, essa população começa a construir teorias problematizando a suposta naturalidade sexual, bem como uma centralidade atribuída ao corpo e seus usos.

No escopo das produções acadêmicas, as teorias *Queer* refletem sobre a noção de identidade, questionando suas essencializações e suas cristalizações. Trazemos como exemplo, as teorizações de Preciado que, em seu *Manifesto Contrassexual*, nos apresenta uma série de elementos que dialogam com a proposta dos estudos queer, em que:

> [...] é uma análise crítica da diferença de gênero e sexo [...] os corpos se reconhecem a si mesmos não como homens ou mulheres, e sim como corpos falantes, e reconhecem os outros corpos como falantes. [...] por conseguinte, *renunciam não só uma identidade sexual fechada e determinada naturalmente*, como também aos benefícios que poderiam obter de uma naturalização dos efeitos sociais, econômicos e jurídicos de suas práticas significantes[47].

Destacamos, primeiramente, o elemento da crítica à diferença de gênero que situa a mulher em uma posição subordinada ao homem, dentro de uma estrutura na qual este último sempre detém posição de privilégio, sustentada com base em pressupostos biológicos e essencialistas. Um segundo elemento a ser considerado é a dimensão corporal, na qual, dentro dessa perspectiva, as diferenças anatômicas também são alvo de crítica, pois não se deve ter, como critério de divisão dos gêneros, o pênis e a vagina, como se esses fossem determinantes na vida do indivíduo e socialmente definissem sua posição. E, um último ponto a ser elucidado, é a negação, seja do ponto de vista acadêmico ou de vivências, de uma identidade fixa, imutável, cristalizada, rígida. Esse último ponto é imprescindível para os debates que seguirão, tanto em relação o gênero, sexualidade, bem como relacionado à região e sobre a unidade de uma identidade regional que homogeniza características pois, afinal, todo cangaceiro é um cabra macho como se construiu no imaginário popular? Todo nordestino possui uma essência que, desde seu nascimento, encontra-se inscrita nele? Sua sexualidade é determinada pela sua região? Acreditamos que as teorias *Queer*, juntamente com a noção de sexualidade apresentada por Foucault[48] e aprofundada pelas reflexões de Rubin[49], que convergem ao destacar a

---

[47] PRECIADO, Paul B. Manifesto contrasexual. N-1 edições, 2014, p.21, grifos nossos.

[48] FOUCAULT, M. 2019.

[49] RUBIN, G, 2017.

importância dos corpos e dos prazeres justamente por contestar qualquer noção fixa de identidade, bem como nos atentar para a suposta naturalidade dos discursos a ela atribuídas, se tornam importantes para as análises aqui empreendidas. Pois, afinal, região e gênero são frutos desse processo.

Aqui, destacamos, mais uma vez, o trabalho de Butler[50], que elaborou uma crítica à categoria mulher, em que, segundo a autora "a insistência sobre a coerência e unidade da categoria das mulheres rejeitou efetivamente a multiplicidade das intersecções culturais, sociais e políticas em que é construído o espectro das "mulheres". Assim, o feminismo que exclui as mulheres trans está lutando pela liberdade de qual mulher? A quem interessa essa coerência e estabilidade da categoria de que nos fala Butler? São inquietações como essas que nos fazem pensar nas teorias *Queer* como um referencial de análise importante para as questões que propomos.

Aqui cabe uma ressalva: a teoria *Queer*, embora o nome possa aparentar, não possui uma formulação teórica unitária entre seus estudiosos. Um exemplo disso pode ser pensando a partir do desenvolvimento dos estudos *Cuir* que, se alinhando a uma perspectiva pós-colonial, pensam o *Queer* a partir das características da América Latina[51]. Tanto a teoria *Queer* como a *Cuir* produzem reflexões no sentido de questionamento da rigidez identitária. Contudo, teóricos latino-americanos que estudam as questões identitárias notam um esvaziamento da palavra *Queer*[52], sendo necessárias, então, mudanças na forma de abordar essa identidade. Essa mudança na grafia da palavra surge para, em primeiro lugar, demarcar territorialmente, mostrando, assim, os lugares de onde veem essas produções acadêmicas, ou seja, fora do eixo europeu de produção dos saberes. Um segundo motivo dessa mudança dá-se, justamente, para mostrar as especificidades dos gêneros, considerando sua dimensão espacial e histórica[53]. Embora a teoria *Cuir* seja interessante para pensarmos as relações de gênero, considerando espacialidades específicas, e se alinhar a uma perspectiva decolonial, optamos por usar as formulações da teoria *Queer*,

---

[50] BUTLER, J. 2017.

[51] A mesma crítica que se realiza aqui sobre a região Nordeste e o essencialismo atribuída a esta região brasileira pode se estendida para a noção de América Latina. Acreditamos que a região latino-americana foi construída tendo como base a produção discursiva e essa crítica a homogeneidade pode ser encontrada em leitura de autores decoloniais, cujo debate será realizado adiante no texto.

[52] SARMET, É. *Pós-pornô, dissidência sexual e a situación cuir latino-americana: pontos de partida para o debate.* Revista Periodicus, v. 1, n. 1, p. 258-276, 2014.

[53] SARMET, É. 2014.

pois acreditamos que as implicações conceituais dessa abordagem dão suporte a questões importantes para este trabalho, como, por exemplo, a noção de *abjeção*.

A escolha de pensarmos a partir dessa categoria se faz considerando que este é um tema que perpassa todo um debate dos teóricos *Queer*. Kristeva, por exemplo, é uma estudiosa que se dedica a refletir sobre essa categoria. Partindo de um diálogo com a Psicanálise, a autora define o *abjeto* como "perverso porque não abandona nem assume um interdito, uma regra, uma lei; mas distorce-os, extravia-os, corrompe-os; serve-se deles, usa-os, para melhor negá-los[54]". Como demonstrado, o *abjeto* é aquele que, dentro das normas impostas, opta por não as seguir, subvertendo essa norma e mostrando suas limitações.

Em uma linha argumentativa semelhante à de Kristeva, e tendo um foco maior na questão do gênero, o pensamento de Butler, mais uma vez, se torna basilar no que diz respeito às questões referentes à *abjeção*. Sobre essa categoria, nos informa a autora, que a:

> [...] matriz excludente pela qual os sujeitos são formados requer a produção simultânea de um domínio de seres abjetos, aqueles que ainda não são 'sujeitos', mas que formam o exterior constitutivo do domínio do sujeito. O abjeto designa aqui precisamente aquelas zonas 'não-vivíveis' e 'inabitáveis' da vida social que, não obstante, são densamente povoadas por aqueles que não alcançam o estatuto de sujeito, mas cujo viver sob o signo do 'inabitável' é necessário para circunscrever o domínio do sujeito[55].

Deste modo, aquele considerado *abjeto*, é enquadrado como um não sujeito, cuja vida não vale a pena ser vivida. Contudo, a produção do sujeito (leia-se aqui homem, branco, hétero e europeu) está intrinsecamente ligada à produção da *abjeção*, pois, se tratando de gênero, a heterossexualidade só pode ser reforçada e tida como uma norma se colocarmos os LGBTQIA+ como não sendo "normais", sendo relegados a um lugar de exclusão e de invisibilidade. Essa condição de produção de não sujeitos pode ser percebida ao pensarmos a violência sofrida por esses corpos. Seja contra a população LGBTQIA+, seja contra as mulheres, pessoas racializadas e detentoras de outros marcadores sociais de diferença, que são compreendidos como fora

---

[54] KRISTEVA, Julia. *Poderes do horror ensaio sobre a abjeção*. Paris: Éditions du Seuil, 1980, "Approche de l'abjection". Tradução de Allan Davy Santos Sena,1980, p.14.

[55] BUTLER, J. 2019, p. 22

da norma e, por isso, são socialmente desempoderados. Destarte, somos diariamente bombardeados com notícias de violência, seja "motivada" por ciúmes, ou pelo simples fato de a pessoa vivenciar uma sexualidade considerada como desviante, bem como aqueles que não se enquadrem no binarismo de gênero. Isso fica evidente no número de pessoas trans mortas: por exemplo, o ano de "2020 foi o ano com mais assassinatos de travestis e mulheres trans desde o início desse tipo de levantamento de dados no país, com o número recorde de 175 assassinatos contra pessoas trans do gênero feminino[56]". Percebemos que, em nome de uma ordem supostamente natural, tudo que dela escapa é visto como passível de morte.

Novamente, recorremos a Miskolci para pensarmos na *abjeção*. Segundo o autor:

> Esse termo, 'abjeção': se refere ao espaço a que a coletividade costuma relegar aqueles e aquelas que considera uma ameaça ao seu bom funcionamento, à ordem social e política. [...] A abjeção, em termos sociais, constitui a experiência de ser temido e recusado com repugnância, pois sua própria existência ameaça uma visão homogênea e estável do que é a comunidade. O 'aidético': identidade do doente de aids na década de 1980, encarnava esse fantasma ameaçador contra o qual a coletividade expunha seu código moral[57].

Podemos, então, afirmar que uma das principais característica atribuídas aos indivíduos *enquadrados*[58] enquanto abjetos é a ameaça constante que oferecem à ordem e à estabilidade do mundo e, pensando nesses termos, as pessoas que escapam do padrão heterossexual ou que não pensam o mundo a partir de binarismos, tornam-se abjetas. Percebemos que o gênero é um marcador importante e poderoso na produção de abjeção. Podemos exemplificar essa relação entre gênero e abjeção através do que Perlongher[59] denomina de *dispositivo da AIDS*: devido à disseminação do vírus HIV, houve

---

[56] BENEVIDES, Bruna G; NOGUEIRA Sayonara Naider Bonfim (Orgs). *Dossiê dos assassinatos e da violência contra travestis e transexuais brasileiras em 2020*. São Paulo: Expressão Popular, ANTRA, IBTE, 2021, p.21.

[57] MISKOLCI, R. 2017, p. 24.

[58] Tomamos de empréstimo a noção de enquadramento de Butler (2019), abordada em seu livro *Quadros de guerra: quando a vida é passível de luto*. A autora parte de uma analogia com a moldura de um quadro e demonstra que nem todos são enquadrados de uma mesma maneira, pois alguns estão fora do limite da moldura do quadro. Esta moldura pode ser entendia como a norma, onde o sujeito, para adentrar no quadro, deve se adequar. E, como um exemplo para se pensar esses enquadramentos, a autora utiliza do luto para refletir sobre as condições que tornam um sujeito merecedor desse sentimento. Assim, a autora posiciona um sentimento, o luto, dentro de uma dimensão política, pois a morte de alguns corpos gera mais comoção que outros.

[59] PERLONGHER, N. O que é AIDS. São Paulo: Brasiliense, 1987.

uma tentativa de controle de corpos de homens gays através da condenação de práticas sexuais, e paralelamente a isso, foi sendo construído um estigma em torno dessa população que a colocava como perigosa e que deveria estar à margem, em outras palavras, não se enquadrava na categoria de indivíduo.

Outra característica das teorias *Queer* é tornar visível aquilo que dentro da nossa sociedade foi tornado invisível, justamente por questionar as normas vigentes, saindo do padrão ideal imposto socialmente e, nesse sentido:

> [...] o *queer* busca tornar visíveis as injustiças e violências implicadas na disseminação e na demanda do cumprimento das normas e das conversões culturais, violências e injustiças envolvida tanto na criação dos "normais" quanto dos "anormais"[60].

Pensar nos ditos "anormais" e a violência constante a que eles são submetidos, e a norma que se tenta impor a eles, é também uma das preocupações, nos campos acadêmico e político, das teorias *Queer*. As reflexões propostas por autores desse campo de estudos vão em busca de compreender, de maneira crítica, como as normas sociais agem em um indivíduo que, caso não se comporte como esperado, tem sua condição pensada através de um lugar de subalternização, pois oferece perigo à ordem. Dito de outra forma, o sujeito que não se adéqua e/ou se recusa a ter como modelo de ação a norma é *enquadrado* enquanto abjeto.

Realizado esse preâmbulo das categorias centrais que são desenvolvidas ao longo do texto, cabe agora articulá-las a fim de mostrar ao leitor a estreita ligação entre região, sexualidade e gênero. Podemos entender que o gênero foi essencial no processo de construção da região Nordeste, principalmente, se tratando da masculinidade, visto que, conforme Albuquerque Júnior:

> O nordestino é macho. Não há lugar nesta figura para qualquer atributo feminino. Nesta região até as mulheres são machos, sim, senhor! Na historiografia e sociologia regional na literatura popular e erudita, na música, no teatro, nas declarações públicas de suas autoridades, o nordestino é produzido como figuras de atributos masculinos. Mesmo em seus defeitos, é com o universo de imagens, símbolos e códigos que definem a masculinidade em nossa sociedade, que ela se relaciona[61]

---

[60] MISKOLCI, R. 2017, p. 26.

[61] ALBUQUERQUE JÚNIOR, Durval Muniz de. *Nordestino: A invenção do "falo"-uma história do gênero masculino. (1920-1940)*. 2°ed. São Paulo: Intermeios, 2013, p 18.

Desse modo, a masculinidade é entendida enquanto um componente fundamental no processo constitutivo da região Nordeste, no qual até as mulheres são pensadas no masculino. Tomemos como exemplo a entrada das mulheres no cangaço, movimento que será analisado no segundo capítulo, que:

> Independente da motivação da entrada das mulheres nos bandos, isso significou um ato de rebeldia, para aquelas que escolheram e para aquelas que permaneceram. As cangaceiras entraram em um não lugar, pois a mulher que não é mãe e rompe com o modelo burguês de família, não existia como cidadã[62].

Percebemos que as mulheres que saíram de suas casas para entrar no cangaço, contrariaram as expectativas de se tornarem mães, esposas e construírem uma família, ou seja, características essencializadas do que deveria ser mulher e, assim, eram consideradas como não sujeitas, como abjetas. Como exposto, no processo de construção do Nordeste enquanto um espaço masculinizado e a importância que as manifestações culturais adquirem neste percurso[63], construindo uma noção sólida de identidade, o cinema pode ser tomado como um objeto que nos ajuda a compreender como as representações operam a fim de corroborar, ou não, com as imagens consolidadas da região. Como as demais produções artísticas, o cinema pode ser tido como expressão da classe dominante, que pode ser utilizada como instrumento de manutenção de uma determinada ordem, contribuindo na reprodução imagética de certos estereótipos, mas, igualmente, pode servir como catalisador de questionamentos acerca das estruturas vigentes.

Considerando o primeiro caso, o do cinema enquanto manifestação cultural da ideologia dominante, tomemos como reflexão um exemplo que bell hooks[64] nos apresenta em seu livro *Olhares negros - Raça e representação*, ao falar sobre masculinidades negras e como elas tendem a ser representadas pelo cinema, a autora questionará como um filme, sucesso de bilheteria, *Sem censura*, constrói essa imagem do homem negro, tendendo a sexualizá-lo. O filme seria, então, "um espetáculo falocêntrico, *Sem censura* anuncia que homens negros são controlados por seus pênis e afirma que suas políticas

---

[62] LIMA, Caroline de Araújo. *E as Cangaceiras? As representações sociais e o imaginário do feminino cangaço no cinema.* Universidade Federal da Bahia. 2020, p.33.

[63] ALBUQUERQUE JÚNIOR, Durval Muniz de. 2013.

[64] HOOKS, b. 2019.

sexuais são fundamentalmente contra o corpo."[65]. De acordo com hooks[66] o filme citado, protagonizado por Eddie Murphy, tende a representar o homem negro como um corpo altamente sexualizado, reproduzindo a ordem patriarcal e a dominação em termos raciais impostos pelas ideias da classe dominante. Desse modo, o cinema seria uma forma artística de manutenção de uma ordem.

Do lado oposto, temos filmes que questionam a estrutura na qual é produzido e, de acordo com Preciado:

> [...] os cinemas feministas [...], experimental lésbico [...] ou experimental queer [...], não pretendem representar a *autêntica* sexualidade das mulheres, lésbicas ou dos gays, mas produzir contraficções visuais capazes de questionar os modos dominantes de ver a norma e o desvio[67].

Ao dispor em tela uma nova forma de se pensar a sexualidade através das imagens, que não aquela que opere no padrão binário de gênero, que mostre corpos para além do masculino e do feminino, essas produções questionam a naturalidade e a fixidez da categoria gênero. Mostrando, portanto, que essas divisões não passam de uma arbitrariedade, parte de uma estratégia de poder sobre os corpos. E, dentro de uma perspectiva *Queer*, evidenciar esses corpos é afirmar sua existência que, por muito tempo, foi negada e invisibilizada.

A perspectiva deste trabalho caminha na direção de analisar o segundo tipo de filme, apresentada por Preciado[68], aqueles que, de certa maneira, questionam a estrutura na qual foram produzidas. Assim, longe de pensar as representações tradicionais sobre a região Nordeste, onde a seca, a miséria e a fome são características fundantes e marcantes da região, ou ter uma visão essencializada sobre a masculinidade, ou seja, aquela em que "a coragem, o destemor e a valentia pessoal ainda influenciam no *status* social dos indivíduos, no respeito que este teria no grupo, daí a necessidade permanente de provar sua masculinidade, sua macheza, pela realização de atos ditos de coragem[69]". Considerando esse cenário, decidimos focar, nesse trabalho, em corpos que, pensando sobre um viés *Queer*, são considerados abjetos.

---

[65] Hooks, b, 2019, p. 192.

[66] Ibidem.

[67] PRECIADO, Paul. B. *Um apartamento em Urano: crônicas de uma travessia.* Zahar, 2019, p.107.

[68] Ibidem.

[69] ALBUQUERQUE JÚNIOR, Durval Muniz. *"QUEM É FROXO NÃO SE METE": VIOLÊNCIA E MASCULINIDADE COMO ELEMENTOS CONSTITUTIVOS DA IMAGEM DO NORDESTINO.*Projeto História: Revista

OUTROS NORDESTES POSSÍVEIS:
GÊNERO E ABJEÇÃO EM ORGIA OU O HOMEM QUE DEU CRIA (1970) E TATUAGEM (2013)

Ao invés da imagem usual de um cangaceiro que desbrava o sertão nordestino e praticava atos de violência, somos apresentados, em *Orgia* (1970), a um cangaceiro grávido e uma travesti que questiona a essencialidade do gênero; além disso, observamos homens expressando práticas corporais que, em muito, se assemelham ao ato sexual, e esse foi um dos motivos pelo qual o filme foi censurado[70]. Do mesmo modo, em *Tatuagem* (2013), ao invés de termos uma narrativa centralizada em um nordestino que tende a demonstrar força, insensibilidade ou outras características socialmente atribuídas ao masculino, em contraposição ao seu oposto feminino, vemos homens que se relacionam com outros homens, podem ser sensíveis, demonstrar sentimentos e usar de seu corpo como um instrumento político de subversão. E, nesse sentido, os filmes escolhidos para a análise trazem, em sua estrutura narrativa, personagens que ainda hoje são considerados desviantes, tais como travestis e gays, personagens que estão, a todo momento, questionando a essencialidade da região Nordeste e do gênero. Embora esses dois filmes tenham sido produzidos em períodos distintos da história brasileira, ambos se voltam ao mesmo período em suas narrativas. No caso *Orgia*, durante o período ditatorial, sendo vítima da censura, enquanto o filme *Tatuagem*, dentro de um período de maior liberdade, pensa justamente sobre as questões da censura e sobre o tabu ao sexo e à sexualidade.

As questões apresentadas anteriormente, principalmente no que tange ao gênero, relacionadas à violência, invisibilidade e abjeção, não ficam restritas apenas ao período ditatorial ao qual os filmes se referem, já que ainda encontramos, no Brasil, exemplos de tentativas de manutenção da categoria de gênero como algo imutável. Isso fica evidente quando, em 2018, somos apresentados a um *kit gay*[71], que seria uma espécie de cartilha distribuída nas escolas públicas e que, segundo Jair Bolsonaro, induzia as crianças a se tornarem homossexuais, bem como incitaria à pedofilia – sendo um material que sequer existiu. Além disso, recentemente, no Brasil, vimos uma progressão considerável de discursos conservadores, nos quais a família e a

---

do Programa de estudos pós-graduados de História, v. 19, 1999, p.182.

[70] Falaremos da censura ao filme no capítulo dedicado à análise dele, no entanto, cabe aqui destacar que o ato sexual entre pessoas do mesmo sexo sempre existiu, assim como a repulsa moral contra esses atos tidos como imorais. Contudo, em períodos ditatoriais, a repressão a pessoas LGBTQIA+ tende a tornar-se mais difícil, então, sugerimos a leitura do artigo "Autoritarismo e homofobia: a repressão aos homossexuais nos regimes ditatoriais cubano e brasileiros (1960- 1980)", de autoria do Douglas Pinheiro. Esse trabalho, em especial, nos ajuda a refletir sobre o modo como os diferentes regimes autoritários tratam a questão da homossexualidade.

[71] Sobre o contexto de surgimento do suposto *Kit gay* e as fakes news a ele atribuídas, ver: https://brasil.elpais.com/brasil/2018/10/12/politica/1539356381_052616.html.

pátria tornaram-se lemas que contribuem para a construção dos discursos de uma direita política ultraconservadora. Assim, testemunhamos uma exaltação da virilidade, em falas constantes do ex-presidente da República, Jair Bolsonaro, que afirmou, por exemplo, ser "imbroxável" e "incomível[72]", com o intuito de exaltar, a todo momento, sua capacidade de dureza e, mais ainda, desvinculando sua imagem de qualquer passividade, pois a mulher, em sua construção de mundo, seria aquela que, devido à sua *natureza*, é quem deveria "ser comida", e qualquer homem que se identificasse numa condição de passividade deveria ser eliminado. Essa noção de eliminação não é um exagero, considerando que o mesmo indivíduo, anteriormente citado, afirmou em entrevistas que preferia que um filho morresse em um acidente de carro caso se assumisse homossexual[73].

Já no campo da cultura, tivemos, em 2019, um ataque à sede do canal de humor Porta dos Fundos, que teve seu prédio incendiado após apresentar um Especial de Natal onde a figura de Jesus Cristo foi representada como homossexual[74]. Observamos, também, o descaso com o audiovisual brasileiro e um exemplo disso foi o incêndio da Cinemateca de São Paulo, espaço destinado a salvaguardar o maior acervo cinematográfico da América Latina que, em 2021, teve seu espaço atingido pelas chamas devido à falta de investimentos e má administração[75]. Paralelo a isso, observamos um grande índice de homicídios de pessoas LGBTQIA+. Segundo dados do *Dossiê assassinatos e violência contra travestis e transexuais brasileiras* de 2022:

> [...] a maior concentração dos assassinatos voltou a ser observada na Região Nordeste com 52 assassinatos (40,5% dos casos); Em seguida, vemos a Região Sudeste com 35 casos (27%) casos; A região Centro-Oeste com 17 (13%) assassinatos; o Norte, com 16 (12,5%) casos; e o Sul com 9 (7%) assassinatos[76].

---

[72] Sobre essas frases ditas pelo ex-presidente, ver:https://noticias.uol.com.br/politica/ultimas-noticias/2021/05/17/sou-imorrivel-imbroxavel-e-tambem-sou-incomivel-declara-bolsonaro.htm.

[73] Sobre essa, e mais outras reações de Bolsonaro ao imaginar ter um filho gay, ver: https://catracalivre.com.br/cidadania/jair-bolsonaro-como-ele-reagiria-se-tivesse-um-filho-gay/.

[74] Sobre a reação a filme e as consequências que o mesmo gerou ao Porta dos Fundos, a leitura do texto da BBC News, pode ajudar a compreender melhor esse caso, e pode ser acessado em: https://www.bbc.com/portuguese/brasil-50919841.

[75] Sobre esse trágico evento, ver: https://www.cnnbrasil.com.br/nacional/incendio-em-galpao-da-cinemateca-foi-acidental-conclui-pf/.

[76] BENEVIDES, Bruna G. *Dossiê: assassinatos e violências contra travestis e transexuais brasileiras em 2022*. ANTRA (Associação Nacional de Travestis e Transexuais) – Brasília, DF: Distrito Drag; ANTRA, 2023. p.31.

Um outro crime comum, motivado por questões de gênero, é o feminicídio que, segundo os dados coletados pelo Fórum Brasileiro de Segurança Pública (2022), apenas no primeiro semestre de 2022, 699 mulheres foram assassinadas, tendo como principal motivação o seu gênero. Dessa maneira, grande parte da violência cometida, seja contra a mulher ou contra pessoas LGBTQIA+, é realizada em nome da manutenção da ordem, do patriarcado[77] e esses argumentos são legitimados e aceitos por uma parcela da população, e "a desesperada luta pela manutenção do poderio patriarcal tem causado graves problemas à humanidade, provocando cada vez mais vítimas[78]". Constatamos, então, como a masculinidade, em virtude da manutenção do poder patriarcal, visto como natural, tem consequências práticas na vida dos indivíduos que são considerados, por determinado grupo da sociedade, conservadoras, em sua maioria, como desviantes. E, considerando que o Brasil, nos últimos quatro anos, estava sobre um governo de estrema direita, testemunhamos, além de cortes de verbas, ameaças de imposição de um "filtro ideológico[79]" a produções cinematográficas, principalmente filmes com temáticas LGBTQIA+, que tiveram sua produção e distribuição impedidas de serem lançadas[80]. Com base nessas observações, cabe refletir que, esses ataques em sua:

> [...] maioria – talvez na totalidade – dos casos de ataques a manifestações artísticas nos últimos três anos; suas motivações (declaradas) são morais. Se, por um lado, não existe hoje no país órgão censório estatal em atividade, por outro, a quantidade de episódios de censura às artes visuais supera em muito a meia dúzia de incidentes documentados durante a ditadura[81].

Esse trecho demonstra uma diferença existente entre a censura no período militar e da censura, como visualizamos mais recentemente. Enquanto no período em que o Brasil estava comandado por militares havia a existência de órgãos específicos de censura, no Brasil de hoje, embora

---

[77] Acerca do debate sobre o conceito de patriarcado recomendamos a leitura do livro *Gênero patriarcado e violência* (2015) de Heleith Saffiot, em que a autora, partindo de uma reflexão de base marxista, nos coloca elementos essenciais para se pensar o patriarcado.

[78] BENEVIDES, Bruna G. *Dossiê assassinatos e violências contra travestis e transexuais brasileiras em 2021*. Brasília: Distrito Drag, ANTRA, 2022, p.67.

[79] Sobre os ataques e ameaças do então presidente Jair Bolsonaro, ver: https://www1.folha.uol.com.br/ilustrada/2019/09/em-ofensiva-contra-ancine-bolsonaro-corta-43-de-fundo-do-audiovisual.shtml.

[80] Mais um exemplo que podemos mencionar, em relação à invisibilidade de narrativas cinematográficas, destacamos os boicotes realizados ao filme *Bixa Travesti*, protagonizado por Linn da Quebrada, que teve participação em prêmios negada. Sobre esse episódio, acessar o link: https://oglobo.globo.com/cultura/bixa-travesty-criticado-por-presidente-da-petrobras-nao-teve-patrocinio-da-estatal-e-ainda-levou-calote-em-premio-24647126.

[81] OLIVEIRA, Juliana Proenço de. *Contextos de Censura às Artes Visuais no Brasil: Duas Aproximações*. 2020, p. 206.

não exista um órgão destinado a essa atividade, ela continua a ocorrer. O objetivo da censura percebida atualmente, segundo a autora, estaria mais no campo da moral, enquanto no período ditatorial, estaria mais ligada à dimensão política[82]. No entanto, como vimos no caso de *Orgia,* a moral também era um elemento importante na construção do regime.

Um outro fator a ser considerado na escolha desses filmes é a importância da disputa de narrativas sobre o regime civil-militar na sociedade brasileira. De um lado, vemos um saudosismo em relação à ditadura, pedidos, inclusive, para a sua volta e destaque para aquilo que algumas pessoas consideram o "saldo positivo" desse período[83]. Paralelo a isso, vimos grupos empenhados em mostrar toda a dimensão violenta, repressiva e contraditória desse período, como, por exemplo, a Comissão Nacional da Verdade, que visa investigar violações aos direitos humanos dentro do contexto ditatorial. Observamos, então, uma disputa de narrativa sobre esses anos e, pensando como se dá essa construção, em diferentes períodos da nossa história, nesse sentido, acreditamos que os filmes aqui analisados apresentam reflexões interessantes para avaliarmos algumas questões referentes ao período ditatorial.

Os filmes aqui selecionados não caem no essencialismo da região, nem do gênero, ambos os filmes questionam essa suposta natureza, sendo importante trazê-los. Em primeiro lugar, *Orgia* nos mostra outro Nordeste, em que temas característicos da região, como o cangaço, por exemplo, são reformulados, e um dos símbolos máximos de masculinidade, o cangaceiro, é usado como um elemento para questionar essas questões. Já em *Tatuagem,* o Nordeste aparece com toda sua urbanidade, e as tensões entre os personagens ganham mais foco que as dificuldades que, naturalmente, são encontradas em narrativas sobre o Nordeste, como a miséria e a pobreza.

Trazer esses filmes à tona e mostrar novas formas de representar o Nordeste, e a masculinidade que a caracterizaria é, de certa forma, dissolver, no sentido proposto por Durval Muniz[84], o Nordeste, ou seja, mostrar a região

---

[82]   Isso não significa dizer que a moral estaria dissociada da dimensão política, mas que em alguns momentos, como nos períodos trazidos pela autora, a noção de moral tende a ser deslocada de sua dimensão politica. O debate acerca da moral será melhor realizado no decorrer do texto.

[83]   Para exemplificarmos, tivemos o então presidente da república, homenageando torturador em rede nacional e minimizando os atos violentos realizados nesse período. Sobre isso, ver: https://g1.globo.com/politica/noticia/2022/03/31/em-discurso-no-planalto-bolsonaro-defende-ditadores-militares-e-deputado-reu-por-a-tos-antidemocraticos.ghtml. Além disso, os apoiadores do ex-presidente, ao perder as eleições de 2022, fizeram atos pedindo intervenção militar, pedindo fechamento do STF (Supremo Tribunal Federal) e não reconhecendo os resultados da eleição.

[84]   ALBUQUERQUE JÚNIOR, Durval Muniz de. 2011.

enquanto uma produção imagético-discursiva composta por fragmentos e que, no decorrer da história, foi transformada em um todo homogêneo, e esse processo de dissolução é justamente mostrar os fragmentos que compõem a região, bem como as várias formas que se tem de representar os diversos elementos que compõem o amálgama que se convencionou chamar de Nordeste.

Um segundo motivo para a escolha desses filmes é, principalmente, devido à dimensão que a representação tem na sociedade contemporânea, como bem demarca hooks[85] ao pensar a representação como um instrumento de dominação potente de criação de subjetividades. Acreditamos que mostrar esses filmes é essencial para contribuirmos com a visibilidade para narrativas que sofreram tentativas de apagamento. Como observamos, no período ditatorial, era comum que, histórias como essas, não chegassem às salas de projeção. Engana-se quem pensa que essa censura ficou restrita apenas aos anos de ditadura, pois ainda observamos no Brasil, de uns tempos para cá, várias iniciativas que tinham como objetivo prejudicar produções artísticas; podemos citar *Greta* (2019); *Negrum3* (2018[86]); *Transversais* (2022[87]), para focar apenas em filmes relacionados às questões LGBTQIA+.

Mas, ao pensarmos as masculinidades a partir desses filmes, não podemos dissociar da dimensão política, no sentido trazido por Simões[88], ou seja, a capacidade de proporcionar mudanças na esfera do sensível. Nesse sentido, pensamos, juntamente com Marcondes, sobre o campo da arte, para quem é "compreendido como fundamental para a compreensão das regras que regem a sociedade, e as narrativas produzidas nesse universo podem indicar novos rumos acerca do projeto de sociedade que vivenciamos e construímos diariamente[89]". E, considerando um contexto em que obras que mostram a diversidade de gênero e outras possibilidades de afetos, estão tento suas circulações, no campo da arte, impedidas, ao mesmo tempo em que vemos, quase que diariamente, violência contra esses corpos, seja

---

[85] HOOKS, b. 2019.

[86] Sobre *Greta* e *Negrum 3* e como a Agência Nacional de Cinema -ANCINE retirou uma ajuda de custo para o lancamento desses filmes, recomendamos a leitura da materia *Ancine corta apoio a dois filmes sobre LGBTs; produtores acusam censura: Discussões sobre homossexualidade e negritude são tema dos filmes 'Greta' e 'Negrum3'* podendo ser acessada através do link: https://www.cartacapital.com.br/politica/ancine-corta-apoio-a-dois-filmes-sobre-lgbts-produtores-acusam-censura/

[87] Sobre a interdição do filme *Transversais* pelo governo Bolsonaro, bem como sua importância, indicamos a leitura que pode ser realizada através do link https://www.uol.com.br/ecoa/ultimas-noticias/2021/10/29/censurado-em-edital-transversais-traz-esperanca-para-inclusao-trans.htm

[88] SIMÕES, Igor. Montagem Fílmica e Exposição: Vozes Negras no Cubo Branco da Arte Brasileira. 2019.

[89] MARCONDES, Guilherme. Conexões de cura na arte contemporânea brasileira Arte e Ensaios.2020, p.389.

física ou simbólica, podemos refletir sobre como a sociedade enxerga esses corpos, ou se recusa a enxergá-los, afinal, eles são considerados descartáveis. Porém, com base no argumento de Marcondes[90], o campo da arte também tem uma potência de transformação onde novos projetos de sociedade são possíveis. E, acreditamos que os dois filmes, à sua maneira, fazem isso, seja através dos questionamentos e das representações proporcionados por *Orgia ou o homem que deu cria*, seja pelas performances provocantes do Chão de Estrelas, em *Tatuagem*, que transforma o tabu que o ânus, ou seja, o cu, possui entre os homens, na única utopia possível.

Ademais, através desses filmes, podemos refletir sobre uma enorme gama de assuntos. Por exemplo, como as instituições moldam e contribuem para esse ideal de masculinidade que estamos sempre à procura, como fica evidente em *Tatuagem*. Podemos refletir sobre a naturalidade atribuída a categorias, em especial, ao gênero e a região que, em *Orgia*, somos apresentados a personagens que tensionam a cristalização do gênero e mostram seu carácter de paródia, como no caso da travesti. Em outras palavras, somos apresentados a novas narrativas em que um cangaceiro pode engravidar, e a arte surge como catalisador de um amor, bem como possui uma dimensão política, bem como todas as tensões e contradições da vida.

Em se tratando de cinema, a reflexão é guiada sobretudo pelas ideias de Pierre Sorlin que, em seu livro *Sociologia del cine La abertura para la historia de manana*, nos oferece mecanismos para pensarmos a análise fílmica, a relação entre cinema e sociologia (e a história), bem como acerca de alguns cuidados metodológicos necessários, tal como o julgamento no momento da análise de determinado filme. Sobre isso, nos diz o autor que:

> [...] não temos que julgar o realismo de um filme (o que equivaleria a avaliá-lo em termos de uma 'realidade' que nada mais é do que nossa própria maneira de capturar a realidade), [...] em vez disso, ao assistir a um filme que seus contemporâneos consideravam realista-ou fantástico-, ou poético, etc.-tentam entender quais princípios regem seu sistema de percepção. O filme era considerado verdadeiro: quais eram os critérios de verdade?[91]

---

[90] Ibidem.

[91] SORLIN, P. 1997, p. 157, tradução nossa.

Julgar o filme em certo ou errado, em relação ao contexto sócio-histórico, buscando a veracidade dos fatos, é uma estratégia que deve ser dispensada no momento da análise sociológica. Com a análise desses filmes, não visamos elencar eventos "historicamente corretos", ou qual deles melhor retrata o período ditatorial. Buscaremos, a partir desses filmes, compreender em que sentido os corpos abjetos são refigurados em sons e imagens, como esses filmes representam e repensam a região Nordeste.

Partindo do entendimento acerca da necessidade de não julgamento do material fílmico, vale ressaltar a importância do sujeito histórico/social, essencial no processo de análise fílmica e, nesse sentido, Célia Tolentino afirma que:

> [...] a arte enquanto instrumento cognitivo, sem forma fechada, nos dará sempre a dimensão do sujeito histórico que a produz e exigirá sempre uma dupla operação, para sua compreensão profunda: a do sujeito social que fala através de categorias que utiliza para fazer uma abordagem do real, e a do próprio conteúdo, ou do discurso elaborado sobre determinado ponto de vista[92].

Analisar o papel do *sujeito social/histórico* das diversas manifestações culturais, com foco no cinema, nos ajuda a entender as mudanças que as diversas formas de representar o Nordeste sofreram e sofrem, no decorrer da história cinematográfica brasileira. Mesmo os temas que comumente são atribuídos a região, através dos discursos, como a seca, o cangaço e o messianismo, são representados em tela de diferentes maneiras.

Ainda buscando compreender a relação complexa entre a obra de arte e o real, Adorno afirmou que, "ao decifrar o carácter social que se exprime pela obra de arte e no qual se manifesta muitas vezes o do seu autor, fornece as articulações de uma mediação concreta entre a estrutura das obras e a estrutura social[93]". Assim, segundo o autor, existe um processo de mediação entre a realidade, ou seja, a estrutura social, e a arte produzida por um determinado artista, que seria a estrutura da obra, uma estética específica que seu produtor opta ao se manifestar artisticamente.

Em uma linha argumentativa semelhante, e tendo como base a reflexão adorniana, Bispo[94] declara que "o artista no momento de sua produção não

---

[92] TOLENTINO, C. *O cinema, tempo social e o seu intérprete*. 2013, p.39.

[93] ADORNO, Theodor W. *Teoria estética*. — EDIÇÕES 70, 2011, p.23.

[94] BISPO, Bruno Vilas Boas. *Imagens de uma utopia latino-americana: A batalha do chile, filme de Patrício Guzmán*. Curita: Appris, 2019, p.27

está consciente de todas as forças sociais que o influenciam; apesar disso, por meio da relação entre sua subjetividade e o mundo concreto, produz uma série de representações estéticas". Desta forma, podemos pensar que determinada produção artística possui uma certa autonomia em relação às influências sociais, mas que essas produções não são totalmente desvinculadas do mundo concreto que pode ser pensado como matéria-prima de construção artística, considerando que o produtor é um indivíduo espacial e temporalmente localizado. Assim esta perspectiva acaba rejeitando qualquer maneira determinista de que o social, principalmente a dimensão econômica, determinaria a produção artística.

No que tange metodologicamente à análise fílmica, uma primeira observação a ser feita é que existe uma multiplicidade de maneiras de se analisar filmes, e apresentaremos algumas dessas formas mais detalhadamente no Capítulo 1. Aqui, destacamos, inicialmente, as reflexões de Vanoye e Goliot-Lété que pensam o filme como algo que "opera escolhas, organiza elementos entre si, decupa no real e no imaginário, constrói um mundo possível que mantém relações complexas com o mundo real: pode ser em parte seu reflexo, mas também pode ser sua recusa[95]". Com essa metodologia, entenderemos a forma como esses elementos presentes no filme são articulados, e de que maneira o real é representado em tela, criando, dessa maneira, subjetividades e discursos, materializados através de sons, imagens, falas de personagens, ou seja, esteticamente. Na proposta metodológica desenvolvida pelos autores anteriormente citados, encontramos dois momentos importantes para realização da análise fílmica. O primeiro momento seria a decomposição do filme, ou seja, uma forma de desconstrução, separação dos elementos fílmicos, com um objetivo de perceber a estrutura fílmica, ressaltando algumas cenas que contribuam para pensar o tema proposto. Tendo realizado esse primeiro procedimento, o segundo consiste em encontrar elos entre essas partes decompostas, ou seja, reconstruir o filme que havia sido fragmentado no primeiro momento, com o objetivo de estabelecer um elo entre as partes, compreendendo como esses elementos decompostos se associam formando uma unidade, que seria o filme. Esses dois procedimentos, de decomposição e reorganização do filme, nos ajudaram a entender os processos que compõem o filme na sua totalidade.

---

[95] VANOYE, Francis; GOLIOT-LÉTÉ, Anne. *Ensaio sobre a análise fílmica*. Campinas, SP: Papirus, 2012, p. 52.

Complexificando o debate, outro autor que nos ajudou a pensar procedimentos que nos auxiliaram na análise fílmica foi Paulo Menezes que, ao pensar o filme e como analisá-lo, afirma que:

> O material primordial de análise não é propriamente a história do filme, mas, e principalmente, a *forma* pela qual essa história se transforma em história no filme, no limite, os *valores* que orientam a construção da narrativa para que ela se desdobre dessa forma e não de outra.[96]

Essa dimensão, da forma como a história é contada, é importante para pensarmos a construção fílmica, pois nos ajuda a fazer conexões, perceber elementos que, se atentarmos apenas para a narrativa fílmica, poderiam passar despercebidos no momento da análise. Essa perspectiva também ressalta a importância do *sujeito social/histórico* da produção fílmica, ao nos auxiliaram a compreender o filme como produto de escolhas que, dependendo do diretor, contexto, ideia do que seja a função social do cinema, enfim, uma série de fatores que, de certa maneira, interferem no produto, que seria o filme.

As propostas metodológicas de análise fílmica utilizadas aqui são, de certa maneira, análogas e complementares, pois apresentam a importância da escolha no processo de construção do filme, atentando para aquilo que é explicitamente colocado em tela, bem como o que sutilmente não é representado. À vista disso, tanto Vanoye e Goliot-Lété[97], como Paulo Menezes[98], nos oferecem, no que diz respeito à análise fílmica, instrumentos que nos auxiliaram no processo de análise dos filmes aqui selecionados.

Cabe alertar ao leitor que a forma da escrita desenvolvida no momento da análise dos filmes se deu por um movimento que Leme[99] definiu como *Panorâmica* e *close*, na qual, em um primeiro momento, o panorâmico, são analisados aspectos mais gerais do filme, como o contexto de sua produção, como dialoga com o cinema de seu período, entre outras questões mais amplas. Já no momento de *close*, nos detivemos às questões mais internas do filme, como movimento de câmera, uso dos sons, e pensando como esses filmes abordam as questões referentes a gênero e sexualidade.

---

[96] MENEZES, P. *Sociologia e Cinema: aproximações teórico-metodológicas.* 2017, p.24.

[97] VANOYE, Francis; GOLIOT-LÉTÉ, Anne. 2012.

[98] MENEZES, P. 2017.

[99] LEME, Caroline Gomes. *Cinema e sociedade: sobre a ditadura militar no Brasil.* 2011.

Dessa forma, pretendemos, com esse trabalho, não demonstrar um verdadeiro Nordeste, ou uma forma essencializada de se pensar o masculino ou o gênero. Vamos, justamente, pensar como esses filmes analisados nos mostram uma nova forma de se pensar o nordestino e a região Nordeste, para além de visões essencializadas e homogeneizantes e como repensam o simbólico. O trabalho desenvolve, em um primeiro momento, uma análise acerca da relação entre arte, cinema e sociedade, com um capítulo intitulado *A importância das imagens, cinema moderno e análise fílmica: reflexões e metodologias para se pensar o filme.* Nesse capítulo, pensamos na centralidade que a visão possui dentro de nossa sociedade, bem como destacamos algumas formas de análise fílmicas, dialogando com trabalhos já produzidos sobre os dois filmes objetos de análise deste trabalho. Em um segundo momento, partimos para a análise do filme dirigido por João Silvério Trevisan (1970), com o capítulo intitulado *Orgia ou o homem que deu cria: entre a paródia e a ressignificação,* capítulo esse em que analisamos o contexto de produção do filme, as principais características do Cinema Marginal, bem como tecemos algumas reflexões sobre como o filme trabalha com a ideia da região Nordeste e seus signos, destacando, sobretudo, as questões de gênero. Em um terceiro momento, nos deslocamos para o Recife de *Tatuagem,* em um capítulo intitulado *Tatuagem: A masculinidade e a utopia do cu.* Primeiro longa-metragem de Hilton Lacerda (2013), de maneira semelhante, abordamos como esse filme mostra um Nordeste urbano, bem como as contradições existentes em ambientes como o exército, dominado pela noção de disciplina e masculinidade. Além disso, destacamos análises referentes às performances teatrais do grupo Chão de Estrelas, acreditando que as mesmas nos defrontam com questões importantes para pensarmos o gênero e a dimensão do corpo como algo político.

A IMPORTÂNCIA DAS IMAGENS, CINEMA MODERNO E ANÁLISE FÍLMICA: REFLEXÕES E METODOLOGIAS PARA SE PENSAR O FILME

O presente capítulo tem como objetivo analisar a importância das imagens em nossa sociedade e como elas foram construídas como expressões fidedignas da realidade social e, dentro deste contexto, o cinema emerge, em um primeiro momento, como sendo esse espelho da sociedade que vinha passando por um processo de modernização. Sendo assim, devido a relação entre o real e o imaginário, o cinema possui algumas metodologias de análise que nos ajudam nesse processo de compreensão do filme enquanto um objeto de análise sociológica, bem como da realidade em que ele foi produzido. Nesse sentido, elencamos algumas formas de análise fílmica, objetivando mostrar que não existe uma única maneira de se analisar um filme e colocando alguns elementos indispensáveis para se pensar as questões apresentadas ao se analisar os filmes *Orgia* e *Tatuagem*, filmes em que, como explicitamos ao longo deste livro, a realidade social e a subjetividade dos diretores dialogam.

2.1 A importância das imagens para a nossa cultura

Quando olhamos em nossa volta, estamos, a todo momento, sendo bombardeados por imagens. Anúncios de produtos dos mais variados tipos, *outdoors* comunicando shows e peças, filmes, clipes musicais, entre várias outras formas de comunicação nas quais se utilizam das imagens para a produção de uma relação comunicativa, em outras palavras, a imagem pode ser pensada como algo que comunica. Percebendo a quantidade de imagens que nos atravessam diariamente, umas chamando mais atenção que outras, não é demais afirmar que temos uma predominância da imagem, e esta acaba por adquirir uma certa importância que exige algumas reflexões.

Corroborando com a ideia anteriormente apresentada, da importância das imagens na nossa sociedade, destacamos, com Sylvia Caiuby Novaes, que "no Ocidente, nossa percepção é hoje, antes de tudo visual/espacial, *nossa relação com o mundo é eminentemente visual.* É a visão que o senso comum privilegia como órgão do conhecimento[100]". Esse caráter do conhecimento fica evidente, por exemplo, na medicina, onde a dimensão imagética é crucial em diagnósticos e procedimentos, através de ultrassons, radiografias etc.

Outro exemplo que pode ser mencionado para pensarmos na importância das imagens e que possui uma relação com a discussão aqui proposta, diz respeito ao corpo. Para corroborar com o argumento apresentado, recorremos a Oyèrónké Oyêwùmí[101] que contribui para o debate acerca da importância da imagem e a dimensão do corpo quando afirma que "a diferenciação dos corpos humanos em termos de sexo, cor da pele e tamanho do crânio é um testemunho dos poderes do atribuído ao 'ver'. O olhar é um convite para diferenciar". Visualmente, identificamos um corpo "normal" e aquele que seria seu oposto. Nesse sentido, a visão emerge como um fator importante no processo de diferenciação, bem como da divisão do poder na sociedade.

Aqui, devemos nos atentar para a dimensão social que a imagem possui, com isso, queremos enfatizar, em diálogo com Soraya Januário, que "as imagens não podem ser compreendidas de forma isolada dos seus autores e das suas componentes histórico-culturais[102]". Desse modo, a ideia da imagem como representação fidedigna e neutra da realidade omite relações complexas de poder, como destacado na introdução através do pensamento de bell hooks[103], evidenciando o caráter de disputa envolvido nas representações.

Partindo dessa noção, a suposta neutralidade imputada às imagens deve ser problematizada. Conforme Sorlin, portanto, "a imagem não é digna de crédito, ela é mentirosa e, devemos admiti-lo, 'enganosa[104]'". Essa reflexão, ao colocar a dimensão de *engano* que a imagem possui, não devendo ser pensada como confiável, é crucial para pensarmos de maneira crítica a produção imagética que acaba, muitas vezes, por passar desapercebida. Fato é que, devido a quantidade de imagens que nos atravessam diariamente, acabamos observando-as de forma banal, sem tanta reflexão por partes dos

---

[100] CAIUBY NOVAES, Sylvia. *Imagem e ciências sociais: trajetória de uma relação difícil.* In: Imagem-conhecimento: antropologia, cinema e outros diálogos, 2009. p.36, grifos nossos.

[101] OYÊWÙMÍ, Oyèrónké. 2021, p.29.

[102] JANUÁRIO, Soraya Barreto. *Masculinidades em (re) construção: gênero, Corpo e Publicidade.* Covilhã: Labcom. Ifp, 2016, p.173.

[103] HOOKS, b. 2019.

[104] SORLIN, P. *Indispensáveis e enganosas, as imagens, testemunhas da história.* Revista Estudos Históricos, v. 7, n. 13, p. 81-96, 1994, p. 95.

sujeitos. Um exemplo de como podemos entender a produção de imagens de maneira crítica, bem como a dimensão política da mesma, pode ser retirada das reflexões de Marcondes, nos levando a pensar, através das artes visuais, questões impostas pela modernidade e que, ainda hoje, atravessam nossa sociedade. Tendo como base a produção artística de Ventura Profana, o autor afirmou que:

> A artista modifica a pintura *A Primeira Missa*, de Victor Meirelles (1860), que representa um dos maiores exemplos do romantismo brasileiro especialmente no que se refere a pinturas históricas. No quadro, Meirelles retrata a primeira cerimônia cristã no atual Brasil, reunindo de modo harmônico indígenas e portugueses, demonstrando uma passividade e aceitação dos povos originários em relação àquela que seria a religiosidade a ser seguida. Ocultam-se, assim, os traumas e violências do processo de imposição de padrões religiosos que ocorreram no período - e continuam até hoje. Profana, por sua vez, recorre ao trabalho de Meirelles e insere seu corpo na cruz, ela uma travesti negra, emulada na cruz.[...][105].

Aqui, a arte aparece como sendo possibilidade de mostrar outros corpos, ao posicionar uma travesti negra em um lugar de destaque e, mais ainda, a imagem descrita por Marcondes (2020) nos faz pensar na dimensão que a arte tem como um mecanismo de contestação social, pois:

> Seu corpo passa a representar, então, os corpos subalternizados, massacrados e dizimados pelo *vírus colonial*, em sua cruzada onto-epistemológica pelo domínio dos homens brancos que contou (e conta) com os princípios e narrativas religiosas cristãs a fim de estabelecer seu poderio[106].

Através desse exemplo, podemos ver como a arte, em especial as imagens, pode ser mobilizada como um instrumento político, seja como forma de contestação, como na produção de Profana, ou na idealização de um Brasil da democracia racial, em que brancos, negros e indígenas vivem de maneira harmônica, que mascara as violências coloniais. Podemos pensar, a partir do que foi dito acima que, desde o período colonial, as imagens são utilizadas para moldar subjetividades e legitimar dominações. Essa dominação exercida pelas imagens, objetivando a superioridade de um grupo

---

[105] MARCONDES, Guilherme. (2020), *"Anticorpos para o combate ao vírus colonial: algumas ideias a partir da arte"*. Horizontes ao Sul. Disponível em: https://www.horizontesaosul.com/single-post/2020/04/29/ANTICORPOS-PARA-O-COMBATE-AO-VIRUS-COLONIAL-ALGUMAS-IDEIAS-ATRAVES-DA-ARTE
[106] Ibidem.

perante a outro, pode ser melhor visualizada através do trabalho de Anne McClintock[107] (2018) que, através de uma vasta pesquisa imagética, mostra como no período colonial as mulheres eram representadas, objetivando, assim, a superioridade masculina[108]. A imagem feminina era construída tendo como base a maternidade, a família e o lar, características atribuídas ao ser feminino como sendo parte de uma essência.

Assim, tendo como base nas observações anteriormente apresentadas, consideramos que as imagens, justamente devido a esse caráter social, atravessado por relações de poder, se torna objeto do conhecimento sociológico. Nesse sentido, as reflexões propostas por Silva Cusicanqui, nos ajudam a pensar uma sociologia da imagem e provocam questionamentos importantes. Ao pensar a diferença entre uma antropologia visual e uma sociologia das imagens, a autora afirmou que:

> Na antropologia visual necessitamos estar familiarizados com a cultura, com a língua e com o território de outras sociedades, diferentes da sociedade eurocêntrica e urbana. Ao contrário a sociologia da imagem, supõem uma desfamiliarização, um distanciamento com o conhecido, com o imediatismo da rotina e do hábito. A antropologia visual se funda na observação participante, aonde o/a investigador/a participa a fim de observar, a sociologia da imagem, por outro lado, observa aquilo de que já participa de fato. A participação não é um instrumento a serviço da observação, mas seu pressuposto, ainda que seja necessário problematizar seu colonialismo e elitismo inconsciente[109].

Desta citação, podemos extrair alguns pontos importantes para compreender como a sociologia faz da imagem seu objeto de estudo. Uma primeira ideia a ser enfatizada vem justamente associada com o afastamento que o sociólogo das imagens deve ter em relação a essas produções, pois, fazemos parte de uma sociedade predominantemente visual e somos constantemente apresentados a uma enorme quantidade e variedade de imagens. E, nesse sentido, esse distanciamento torna-se necessário para que se realize uma observação que consiga abarcar ao máximo as imagens em

---

[107] MCCLINTOCK, Anne. *Couro imperial: Raça, gênero e sexualidade no embate colonial.* São Paulo, Editora da Unicamp, 2010.

[108] Destacamos que a autora não foca somente na questão feminina e de gênero. Partindo de uma análise interseccional, a autora destaca, em suas reflexões, outros marcadores, tais como a raça e classe, e como o imperialismo, unindo essas três categorias, legitimou a superioridade masculina, branca e heterossexual.

[109] RIVERA CUSICANQUI, Silvia. *Sociología de la imagen: miradas ch'ixi desde la historia andina.* Ciudad Autónoma de Buenos Aires: Tinta Limón, 2015, p.21, tradução nossa.

sua complexidade, atentando para a dimensão histórica e cultural de suas produções que, em sua maioria, não deixa de ser ideológica. Entretanto, não queremos com isso dizer que a análise imagética busque uma neutralidade, e que o pesquisador consiga, como pretendia Durkheim[110], se livrar das pré-noções, mas queremos ressaltar que, tomando como base o alerta de Cusicanqui na obra supracitada, ao analisar esse tipo de produção, não devemos esquecer de seu caráter enganador e manipulável e que, dentro de uma determinada análise, essas questões que aparecem ao pesquisador devem ser problematizadas.

A dimensão controlável que a imagem adquire, considerando sobretudo o contexto em que se insere, nos chama atenção. Assim, podemos traçar um paralelo entre a forma que as imagens coloniais foram moldando uma subjetividade que inferiorizava determinados grupos étnicos, bem como determinado gênero, exemplificado por McClintock[111], e os cuidados que, segundo Cusicanqui[112], o sociólogo da imagem deve ter ao analisar determinado conjunto de imagens. Pois as mesmas, na maioria das vezes, carregam, na sua construção, uma dimensão colonial. Podemos traçar uma aproximação entre as duas autoras, principalmente nas críticas que elas fazem do uso político das imagens, que nos faz questionar o status de naturalidade e que, em diversos momentos, carregam uma dimensão colonial na forma como essas imagens são apresentadas.

Aqui, cabe abrir um parêntese, a fim de explicitarmos o que seria esta colonialidade à qual nos referimos. Existe um amplo debate acerca da colonialidade e de seus impactos, nos mais diversos âmbitos das nossas vidas; como afirmou Mignolo: "a colonialidade do poder está atravessada por atividades e controles específicos tais como a colonialidade do saber, do ser, do ver, do fazer e do pensar, de ouvir, etc[113]". Dessa maneira, como destaca o autor, essa prolongação do colonialismo ainda influencia várias dimensões sociais, valendo destacar a colonialidade do saber[114], ou seja, a legitimidade que a Europa e homem ocidental tem de produzir conhecimento e disseminar para o resto do mundo. Cabe destacar, também, a coloniali-

---

[110] DURKHEIM, É. *As regras do método sociológico.* 10°. Ed. São Paulo: Ed. Nacional, 1982.

[111] MCCLINTOCK, A. 2010.

[112] RIVERA CUSICANQUI, S. 2015.

[113] MIGNOLO, Walter. Desobediencia epistémica: retórica de la modernidad, lógica de la colonialidad y gramática de la descolonialidad. Ediciones del signo, 2010, p. 12. tradução nossa.

[114] GROSFOGUEL, Ramón. *A estrutura do conhecimento nas universidades ocidentalizadas: racismo/sexismo epistêmico e os quatro genocídios/epistemicídios do longo século XVI.* Sociedade e Estado, v. 31, p. 25-49, 2016.

dade do ser[115], na qual modos de agir e de se portar, perante o mundo, são impostos aos sujeitos e que categorias são impostas aos indícios, classificando-os em mulheres e homens, negros e brancos, ocidentais e orientais, enfim, classificações que moldam o ser.

Esses autores decoloniais têm em comum a busca por compreender como a subjetividade dos sujeitos são impactadas desde o período colonial. Podemos pensar, através da análise das categorias gênero e sexualidade que, baseando na religião,na dominação colonial, no conhecimento "científico", criam-se as categorias de homem e mulher e, além da imposição aos corpos que se moldem nesse sistema binário, bem como impõem esse binarismo a outras culturas, como demonstra Oyèrónké Oyêwùmí[116], autora que afirma que a categoria gênero é utilizada de maneira arbitrária e pouco reflexiva, tomando como exemplo os povos africanos que, dentro de sua cosmovisão, não pensam a sexualidade e nem o gênero dentro de termos como masculino e feminino ou em termos pensados como o são na "cultura ocidental".

Ainda tomando como exemplo a colonialidade do sexo, podemos perceber, através desse exemplo, que este tema gera embate entre os pensadores decoloniais. Isso fica evidente na crítica que Lugones faz ao pensamento de Quijano, quando este elabora sua reflexão acerca da colonialidade do sexo e do gênero não ganham centralidade analítica. O autor, ao falar dessas categorias, acaba por reproduzir o ponto de vista "hegemônico do sistema colonial/ moderno do gênero[117]", ou seja, pensa através das categorias homem e mulher, por uma perspectiva essencialista e, para a autora, devemos questionar a categoria gênero, por carregar um caráter colonial.

Esse debate sobre a colonialidade se mostrou necessário, em um primeiro lugar, para demonstrar que esse campo de estudos engloba uma variação de temas, como a relação da colonialidade do gênero e do saber. Outro motivo que merece destaque, ao se pensar através do aparato teórico decolonial é que esses autores, apesar de algumas diferenças, como assinalamos acima em relação ao gênero, demonstram que as coisas mais comuns, como as imagens, estão imbricadas em relações de poder e, além disso, questionam a naturalidade das categorias, tais como gênero e sexualidade.

---

[115] QUIJANO, A. *Dom Quixote e os moinhos de vento na América Latina.* Estudos avançados, v. 19, p. 9-31, 2005.

[116] OYÊWÙMÍ, Oyèrónké. 2021.

[117] LUGONES, María. *Colonialidad y género. In: Tejiendo de otro modo: Feminismo, epistemología y apuestas descoloniales en Abya Yala.* Editorial Universidad del Cauca, 2014, p, 66. tradução nossa.

Destacamos, também, a colonialidade relacionada ao olhar, que nos impõe um padrão ao nos relacionar com as imagens, em que um determinado padrão imagético é imposto, e tudo aquilo que não segue um determinado padrão imagético acaba por ser considerado feio, ou outro adjetivo pejorativo. Acreditamos que, grande parte da bibliografia, colabore para o pensamento decolonial[118], ou seja, destacam aspectos coloniais presentes nas dimensões variadas das nossas vidas e, partindo dessa crítica, constroem conhecimentos e práticas a fim de causar um tensionamento dessa estrutura que se prolonga desde o período colonial, que coloca a Europa como um centro hegemônico de produção de conhecimentos, práticas e consumos de imagens. Ademais, como destacado, refletimos sobre a questão do gênero, posto que, como demarcamos, as categorias de região e gênero estão conectadas e esta segunda dimensão está diretamente associada com o processo de construção do que se pensa hoje como Nordeste.

Retomando o debate sobre a sociologia da imagem, uma outra característica que merece destaque diz respeito ao tipo de produção imagética que este campo da sociologia se dedica em suas pesquisas, e aqui, recorremos mais uma vez a Cusicanqui [119]:

> [...] a sociologia da imagem considera todas as práticas de representação como foco de atenção; se dirige a todo o mundo visual, desde a publicidade, a fotografia de imprensa, os arquivos de imagem, a arte pictórica, desenhos, além de outras representações mais coletivas, como a estrutura do espaço urbano e os traços históricos que nele se tornam visíveis.

Como destacado, através da sociologia da imagem pode-se ter uma variedade de estudos relacionados ao imagético. Dessa maneira, pensamos o cinema como um dos objetos de análise, entre vários, dentro do campo da sociologia das imagens, pois dentro de uma narrativa fílmica, a convergência de imagens, que dá coesão ao filme, sendo então, a imagem central no cinema. Porém, existe diferença entre a imagem que observamos na tela de cinema, se compararmos a outros tipos de imagens, como, por exemplo, a fotografia. No próximo tópico, pensaremos, com o auxílio da sociologia, como o cinema foi construindo as suas especificidades perante as demais

---

[118] MIGNOLO, Walter D. *Novas reflexões sobre a "idéia da América Latina": a direita, a esquerda e a opção descolonial.* Caderno CRH, v. 21, p. 237-250, 2008.

[119] RIVERA CUSICANQUI, S. 2015, p.21-22, tradução nossa.

imagens, como a fotografia, por exemplo, bem como sobre como o cinema se tornou característico do mundo moderno, sendo quase indissociável da noção de modernidade.

2.2 Fotografia, cinema e modernidade

Como vimos, as imagens, em nossa sociedade, adquirirem certa centralidade, visto que somos, diariamente, atravessados por uma enorme quantidade de imagens. Destacamos também que a neutralidade e a objetividade não constituem uma característica essencial dessas representações imagéticas, embora tenha, ao longo do tempo, agregado essas características e, assim, no senso comum, as imagens adquirirem um status de representante fiel da realidade. E, justamente devido a esse caráter sócio--histórico, que a sociologia toma essa dimensão imagética como objeto privilegiado de estudo, dentre elas, a fotografia ocupa grande parte das reflexões, elaborações que vão desde sua história[120], até as formas de utilização[121]. Portanto, a fotografia pode ser pensada através de uma ampla variedade de questões.

Dentro do debate aqui proposto, uma dimensão da fotografia que merece destaque é a da objetividade aparente da fotografia, bem como sua capacidade de relembrar algum momento do passado ou uma pessoa que nos chama atenção, ao pensar a imagem fotográfica. Recorremos a Morin, autor que nos oferece a reflexão de que "a fotografia é, no sentido estrito do termo, *a presença real* da pessoa representada; na fotografia se pode ler a alma da pessoa, sua doença ou seu destino[122]". Essa característica da fotografia, destacada pelo autor, é o que configura a este tipo de imagem como sendo representação fiel da realidade pois, ao ver determinada foto de uma certa pessoa ou de um lugar, ativamos lembranças, sejam elas positivas ou não e, assim, acreditamos em uma objetividade da lente da câmera, esquecendo totalmente da mediação existente, por exemplo, entre a foto e o fotógrafo.

Essa dimensão relacional entre lembrança e fotografia é também objeto de análise de Paulo Menezes, o qual afirma que "a fotografia surge, assim, sempre como a *re-presentificação* de coisas e, principalmente, de

---

[120] BENJAMIN, Walter. *A obra de arte na época de sua possibilidade de sua reprodução técnica (5.ª versão)*. In: Walter Benjamin: estética e sociologia da arte. Belo Horizonte: Autentica, 2021.

[121] GUNNING, Tom. *O retrato do corpo humano: a fotografia, os detetives e os primórdios do cinema*. IN: CHARNEY, Leo; SCHWARTZ, Vanessa R. O cinema e a invenção da vida moderna. São Paulo: Cosac & Naify, 2004.

[122] MORIN, Edgar. *El cine o el hombre imaginario*. Paidós, 2001, p.27, tradução nossa.

pessoas. Ela nos coloca de novo *em presença de[123]*". Desse modo, a imagem nos dispõe em presença de algo, que pode estar ausente, como um ente que faleceu ou mora longe, ou de um momento que ficou no passado, como uma viagem, uma festa, entre outros momentos.

Temos nos dedicado a pensar a fotografia, pois acreditamos que seja importante no processo de tornar o cinema como uma arte tal qual conhecemos hoje. Afinal, como afirmou Benjamin "a fotografia veio possibilitar o cinema sonoro[124]". Ainda segundo Benjamin, no processo de transformação da fotografia para o cinema, a fotografia vai, aos poucos, perdendo aquilo que o autor entendeu como seu *valor de culto*, ou seja, função à qual a arte estaria associada, a certo misticismo ou algo mágico. Podemos pensar nas obras com caráter ritualístico, das igrejas, monastérios, estátuas sagradas, entre outros. A fotografia, segundo o autor, possui esse valor de culto, principalmente as fotos de pessoas e rostos que carregam uma dimensão "mágica". E, ao ir se desvinculando desse valor, o cinema vai surgindo e produzindo um outro valor, o qual o autor denominará *valor de exposição,* onde a obra de arte, ao se distanciar do caráter de ritual, acaba por ter uma maior exposição, quando uma maior quantidade de pessoas tem acesso e não só autoridades religiosas, por exemplo, como se percebia na obra enquanto produzida para ser cultuada[125]. Contudo, apesar da diferença trazida por este autor, a dimensão de realidade que acompanhou a fotografia, também acompanhou o cinema e essa contraposição entre a realidade e o irreal é a "própria essência do discurso fílmico[126]". Vários autores abordam essa relação do cinema, seja de ficção ou documental, com a realidade, seja para entender como o filme articula elementos do real em suas narrativas, ou o efeito de realidade que o filme passa.

A fotografia pode ser pensada como uma imagem que não possui movimento, estática, ao contrário do cinema, que pode ser pensado como a junção de imagens que geram a ideia de rapidez das imagens e das informações, mais rápidas do que na fotografia. Assim, a fotografia pode ser pensada como exordial na criação do cinema:

---

[123] MENEZES, Paulo Roberto Arruda de. *Cinema: imagem e interpretação.* Tempo Social, v. 8, p. 83-104, 1996, p.84.

[124] BENJAMIN, W. 2021, p.13

[125] BENJAMIN, W. 2021.

[126] GONÇALVES, Marco Antonio. *Sensorial thought: cinema, perspective and Anthropology. Vibrant: Virtual Brazilian Anthropology.* 2013, p.173, tradução nossa.

> Afinal, o que é um filme senão uma somatória de fotogramas que passam na frente de uma luz a uma velocidade que, pela inércia do aparelho ótico, liga suas projeções em uma continuidade imaginária realizada apenas em nossa retina[127].

O autor entrou em uma linha argumentativa que pensou, juntamente com Benjamim, a fotografia como sendo crucial para o desenvolvimento do cinema e, que este, por sua vez, torna-se expressão máxima da cultura moderna[128].

Essa relação do cinema com a modernidade pode ser pensada através do filme *A chegada do trem na estação*[129], dos irmãos Lumière. No filme em questão, vemos uma enorme quantidade de pessoas, sejam embarcando ou esperando alguém do trem que, por si só já poderia ser pensado como um símbolo que nos remete à modernidade, que liga o trabalhador ao centro industrial, a cidade. Operários e burgueses também compõem a película que, durante seu um minuto de duração, nos mostra a agitação e a velocidade a qual a modernidade enquanto modo de vida[130] impôs aos indivíduos. Esses vários elementos, dentro do filme (o trem, a agitação das pessoas, por exemplo), fazem pensar como esse primeiro cinema, como denomina Flávia Cesarino[131], acopla em suas narrativas a dimensão da modernidade. Assim, da mesma forma que o cinema nasce com a modernidade, transforma a mesma em narrativas para os seus filmes.

Considerando as características da modernidade elencadas durante o texto, as mudanças nos planos econômico, social e cultural, bem como na dimensão subjetiva dos sujeitos, podemos ampliar o debate com a contribuição de Charney e Schwartz, que afirmaram que:

---

[127] MENEZES, Paulo Roberto Arruda de.1996, p.94.

[128] A modernidade foi tema de amplo debate dentro do campo sociológico, sendo a disciplina tendo se consolidado nesse período (LALLAMENT, 2008). Autores considerados clássicos do pensamento social tal como Durkheim (1995), Weber (1994) e Marx, com Engels (2014), construíram a sociologia enquanto uma área do saber, buscando compreender as mudanças ocorridas durante esse momento. Intelectuais como Giddens (2002), Simmel (2001) e Berman (1986) são importantes para entender *sensibilidade moderna* (ibdem, p.18), ou seja, as mudanças impostas ao sujeito moderno. Entretanto esses autores parte da Europa para construção de seus argumentos o que levanta debates acerca da relação entre modernidade e colonialidade (QUIJANO, 2005) em que esse termo modernidade foi utilizado como uma das justificativas da colonização. A noção que defendemos de modernidade nesse trabalho tem como base as reflexões realizadas pelos autores decoloniais, em especial QUIJANO (ibidem) e MIGNOLO (2008) que vem tensionar não apenas esse debate, mas desmistificar a noção de que a Europa seria o exemplo por excelência da modernidade.

[129] O filme que pode ser acessado através do link: https://www.youtube.com/watch?v=ALAupKYhyLA. Acesso em: 14/01/2023.

[130] WIRTH, Louis. *O urbanismo como modo de vida*. In: VELHO, Otávio (org). O fenômeno urbano. Rio de Janeiro: Guanabara, P. 90-113. 1967.

[131] COSTA, Flávia Cesarino. *O primeiro cinema: espetáculo, narração, domesticação*. Rio de Janeiro. Azougue editorial, 2005.

> [...] o surgimento de uma cultura urbana metropolitana que levou a novas formas de entretenimento e atividade de lazer; a centralidade correspondente do corpo como local de visão, atenção e estimulação; o reconhecimento de um público, multidão ou audiência de massa que subordinou a resposta individual à coletividade; o impulso para definir, fixar e representar instantes isolados em face das distrações e sensações da modernidade, um anseio que perpassou o impressionismo e a fotografia e chegou até o cinema; a distinção cada vez maior da linha entre a realidade e suas representações[132].

Essa citação evoca vários elementos debatidos ao longo dos dois subtópicos deste capítulo. A começar pela importância da imagem e da centralidade da visão no interior da nossa sociedade moderna. A reflexão esboçada também traz à tona as mudanças ocorridas, principalmente relacionadas à percepção dos sujeitos[133], e o cinema se torna um momento importante nesse processo, tornando-se, assim, "a linguagem artística inventada na modernidade e só possível nesta[134]". Um último ponto a ser destacado é justamente a linha existente entre a realidade e a representação, principalmente pelo cinema que, como herdeiro da fotografia, herda o status de representação do real. É sobre essa relação entre realidade e como o cinema se apropria dos elementos do existente em seus filmes que abordaremos no próximo tópico.

2.3 Cinema como arte do real

O cinema, pode ser pensando como a arte que mais tentou se aproximar da realidade, principalmente no seu primórdio. Parte dessa realidade atribuída ao filme, tem no som e no cinema falado seu reforço, assim:

> [...] a introdução do som no longa-metragem reforçou a tendência a um maior realismo da forma e da estrutura narrativa que já se tornava evidente no cinema mudo. O som foi mantido para aumentar ainda mais a ilusão de realidade.

---

[132] CHARNEY, Leo; SCHWARTZ, Vanessa R. *O cinema e a invenção da vida moderna.* São Paulo: Cosac & Naify, 2004, p.19.

[133] Sobre o tema da percepção e de como determinado momento histórico interfere na forma de percepção do sujeito, sugerimos a leitura do clássico *A obra de arte na era de sua reprodutibilidade técnica,* de Walter Benjamim. Também vale a recomendação do livro de Johnatan Crary (2013), intitulado *Suspensões da percepção: atenção, espetáculo e cultura moderna.*

[134] BISPO, Bruno Vilas Boas. 2019, p.36

> Além disso, o uso de um diálogo complexo e detalhado agora tornava possível maiores elaborações de enredo, versões psicológicas mais variadas de personagens e complexidades de expressões tais como a ironia e o sarcasmo[135].

Os sons que ouvimos nas películas não nos são estranhos, embora, por exemplo, não vejamos a chuva, mas através do efeito sonoro, conseguimos imaginar que, em uma determinada cena, está chovendo. Ouvir a voz de um personagem, seus pensamentos, ou um barulho de tiro, ou de uma festa, por exemplo, nos insere no mundo que o diretor aspira passar para o espectador, gerando, assim, uma imersão maior do espectador dentro do filme e, criando um efeito maior de realidade. Tomemos, como exemplo, os filmes de ação, nos quais ouvimos sons como barulhos agitados, tiros, perseguições etc, nos passa a ideia de adrenalina que os personagens estão sentindo dentro da estória do filme. Isso vale para outros gêneros de filmes, como romance, onde a música lenta nos faz entrar no mundo dos enamorados, ou em um suspense onde, boa parte das sensações que sentimos, deve-se ao som que, dentro do arranjo do filme pode criar uma sensação de tensão.

Entretanto, vale ressaltar que o som não é o único responsável por esse efeito de realidade. Um conjunto de outros fatores, como iluminação, movimentação de câmera e como esses elementos são agrupados através da edição, também são instrumentos que, conjuntamente, atuam para criar no espectador uma noção de realidade que aquele filme quer demonstra ao espectador.

Dentro dos vários movimentos cinematográficos que compõem a história do cinema, o *Neorrealismo*[136], talvez seja um dos movimentos que mais incorporou essa dimensão do real dentro de suas narrativas. Esse movimento incorpora características típicas de filmes documentais, tais como a recusa a usar efeitos especiais, o uso de pessoas sem experiência com atuação e com ambientação a mais natural possível (VANOY; GOLIOT-LÉTÉ, 2012)[137]. Acreditamos que, a partir desse movimento cinematográfico, possamos ilustrar os vários elementos dentro de um filme que colaboram para dar

---

[135] TURNER, Graeme. *Cinema como prática social*. Summus Editorial, 1997, p.41.

[136] Estamos nos referindo aqui ao Neorrealismo italiano, surgido nos anos de 1940 que, em suas produções, tratavam, principalmente, do pós-Segunda Guerra Mundial (1939-1045). Teve influências em outros movimentos cinematográficos e, no caso específico do Brasil, influenciou o Cinema Novo. Sobre a história do Neorrealismo italiano, suas características e influências no cinema brasileiro, recomendamos a leitura do texto de Isabel Regina Augusto (2008), intitulado "Neo-realismo e Cinema Novo: a influência do neo-realismo italiano na cinematografia brasileira dos anos 1960".

[137] VANOYE, Francis; GOLIOT-LÉTÉ, Anne. 2012.

uma impressão de realidade, como as filmagens em ambientes externos, e não somente em estúdios. A utilização de atores que pareciam mais com o público, e não as grandes estrelas, um conjunto de elementos colaboravam para fazer com que o filme se aproximasse de uma realidade que, geralmente, o espectador consegue se reconhecer em tela. Desse modo, o filme se aproximava do individuo que, ao assistir determinado filme, que acreditava que o que estava sendo visto em tela representava uma realidade concreta.

Considerando a relação complexa entre cinema e realidade, alguns autores dedicaram, em suas reflexões, pensar essa relação, dentre eles podemos citar Edgar Morin que, ao pensar em uma sociologia do filme, anunciou que:

> [...] o filme reflete a realidade, mas é também algo que se comunica com o sonho. [...] O cinema não é a realidade *porque assim se diz*. Se sua irrealidade é uma ilusão, é evidente que essa ilusão é pelo menos sua realidade[138].

O sociólogo aborda a relação simbiótica entre a realidade e o sonho, onde não é possível pensar o cinema enquanto uma fiel representação da realidade, nem o documentário[139] tem essa característica de representar uma realidade concreta. Porém, não devemos perceber um filme como fruto apenas da imaginação de seu idealizador. Vemos que, tanto o sonho ou a dimensão do imaginário[140], como a realidade social, podem ser pensadas como matéria-prima para dar forma a um filme que, ao pensarmos sua realização, não podemos desvincular de seu contexto de produção.

Para corroborar com o argumento apresentado, recorremos novamente ao sociólogo Paulo Menezes que, em suas reflexões acerca do cinema, também analisou essa dimensão do real e como esta é incorporada em um filme. Sobre essa relação, o autor nos fala que:

---

[138] MORIN, Edgar. 2001, p.16, tradução nossa.

[139] Existe uma bibliografia que trata dessa dimensão do documentário enquanto representação fiel de uma realidade ou de um fato histórico. Muitas dessas reflexões mostram que o documentário, assim como o filme ficcional, também tem na sua construção, escolhas, edições, manipulações das imagens, entre outros elementos que podemos também encontrar na narrativa ficcional. Como forma de aprofundamento deste debate, sugerimos a leitura de *Introdução ao documentário*, de Bill Nichols (2016) e o já referenciado *Imagens de uma utopia latino-americana: A batalha do chile, filme de Patrício Guzmán*, de Bruno Vilas Boas, em especial o tópico Cinema Documentário: Realidade Ou Ficção, onde o autor aborda algumas formas de pensar a relação entre documentário e realidade, questionando a noção, comumente difundida de que o documentário seria a representação fiel daquilo que está sendo filmado.

[140] A noção de imaginário presente nesse trabalho tem como base a reflexão de Paulo Menezes (1996), que atribui ao imaginário, não como oposição ao real, mas como constituinte da própria percepção que temos da realidade social.

> O cinema é, neste contexto, *uma criação do imaginário* para o imaginário e não, como quer o pensamento singelo, uma reconstrução de uma realidade exterior qualquer. *O cinema não fala diretamente do real, não é uma reprodução mais que perfeita deste real, e sim uma construção a partir dele e que dele se distingue.* Mas, ao mesmo tempo, ele necessita que a ilusão da representificação esteja sempre presente. É aí que se faz a mágica. *O filme faz a interligação entre imaginário e memória através da construção* de espaços e da proposição de experiências diferenciais de tempos [141].

Na perspectiva adotada pelo autor, e seguindo a linha argumentativa aqui exposta, o cinema pode ser analisado enquanto um elemento que auxilia na criação de um imaginário sobre determinada coisa, e que este associa-se à memória[142]. Partindo desse princípio, quantos filmes que, ao assistirmos, associamos imediatamente à região Nordeste? Mesmo que a região não seja sequer mencionada, ao vermos um ambiente seco, elaboramos uma associação quase instantânea com o que imageticamente pensamos sobre a região. Grande parte desse vínculo vem das imagens já consolidadas pelo cinema que, a partir de fragmentos do real, mas que nunca é o real em sua totalidade, constroem esse imaginário do que seria a região e de seus habitantes. Aqui, mais uma vez, vemos que o real "se mistura" com a ficção para construção de um mundo em que a visão do autor e o contexto em que a película é produzida, criam, através das imagens, um imaginário, muitas vezes, consolidado. Desta forma, não podemos encarar o cinema como um espelho do real, nem como algo puramente ficcional, mas como uma simbiose desses dois elementos, que se misturam, se entrelaçam.

Pensando na relação entre idealizador da obra cinematográfica com a realidade na qual ele se insere e, consequentemente, sua obra é produzida, essa relação é "reciprocamente mediada, o que faz com que os antagonismos e as tensões sociais, que foram relevantes para a construção da linguagem, apresentem-se na própria obra de arte"[143]. Essa forma dialética de pensar a arte, como colocada anteriormente, nos direciona a analisar o cinema em que, dentro do filme, percebamos as contradições da

---

[141] MENEZES, Paulo Roberto Arruda de. 1996, p.89, grifos nossos.

[142] Devemos destacar que a noção de memória presente nesse trabalho, deve-se às reflexões desenvolvidas por Guilherme Marcondes (2020). O autor destaca a memória como centro de disputas, principalmente ao pensar as relações étnico-raciais envolvidas no processo de construção de uma memória nacional brasileira, de como a memória é composta de rememoração e de omissão.

[143] BISPO, Bruno Vilas Boas. 2019, p. 43- 44

própria sociedade. Isso fica evidente nos filmes cujas análises desenvolvemos, onde podemos encontrar elementos da sociedade. Em *Orgia*, vemos como o diretor, através do sarcasmo, falou sobre contradições e tensões existentes no período ditatorial. Já em *Tatuagem,* podemos identificar o contraste existente entre a liberdade, experienciada pelo grupo teatral Chão de Estrelas, e o ambiente da ordem e da disciplina, representado pelo quartel e o exército.

Mas como analisar esta arte tão complexa como o cinema? Como pensar este objeto de estudo tão peculiar quanto o filme? Existem metodologias dentro das Ciências Sociais que nos provocam algumas questões que serviram de auxílio no desenvolvimento do presente trabalho. Desta forma, a seguir, abordamos algumas questões de cunho metodológico, objetivando responder algumas das perguntas que abriram esse tópico, apontando elementos que julgamos necessários para a análise fílmica.

2.4 Como se analisa um filme?

Ao pensarmos em um filme e como analisá-lo, como se pretende neste trabalho, algumas questões devem ser consideradas a fim de demonstrar que essa é uma área consolidada dentro da academia e podendo ser analisada dentro das mais variadas áreas do conhecimento. A exemplo, na Educação [144], ou como utilizar o cinema como ferramenta didática dentro das aulas de sociologia[145][146]. Outra área que se dedica a pensar a relação com o cinema é a História. Desde a chamada *Nova história[147]*, os documentos de análise do historiador deixam de ser baseados exclusivamente em "documentos oficiais" e, a partir daí, várias formas de pensar a historiografia compõem essa nova forma de produção de conhecimento[148]. Dentre esses novos

---

[144] FRANCO, Marília. *Linguagens audiovisuais e cidadania.* Comunicação & educação, São Paulo, 1997.

[145] RACHETTI, Luiz Gustavo Ferri; SANTANA, Gilmar. *Sociologia e cinema: o uso do audiovisual na aprendizagem de sociologia no ensino médio.* Cronos:R. Pós-Grad. Ci. Soc. UFRN, Natal, v.17, n.2, jul/dez. 2016.

[146] MORAES, Ricardo Leite. *O cinema como material didático no ensino da sociologia: alfabetização visual e crítica da estética realista-naturalista.* Revista eletrônica LENPES-PIBID de ciências sociais, UEL, No.1, Vol.1, jan-jun. 2012.

[147] Esse debate historiográfico surge, principalmente, a partir da crítica de historiadores sobre como a história e as análises históricas estavam sendo produzidas. Assim, uma das principais caraterísticas dessa corrente é pensar de maneira crítica a relação do historiador com os documentos, em sua maioria fontes escritas, que antes eram portadoras de uma verdade inquestionável. Na Nova história, a relação entre verdade, história e historiador é questionada e uma nova variedade de fontes emerge como sendo objeto de análise, inclusive a fonte oral e o cinema. Sobre essa escola historiográfica, recomendamos o trabalho de Peter Burke (1992), intitulado "*A Nova História, seu passado e seu futuro*").

[148] KORNIS, Mônica Almeida. *História e cinema: um debate metodológico.* Estudos históricos. Rio de Janeiro, vol.05, n.10, 1992.

documentos, o cinema tem uma centralidade, pois, desde que "se tornou uma arte, seus pioneiros passaram a intervir na história com os filmes, documentários ou de ficção, que desde sua origem, sob a aparência de representação, doutrinam e glorificam"[149]. O cinema, nesta perspectiva, emerge não apenas como arte, mas como algo que participa de maneira efetiva na produção da história. Um exemplo de como o cinema foi utilizado para fazer História pode ser encontrado na forma como o ministro da propaganda da Alemanha nazista, Joseph Goebbels, utilizou a imagem de Hitler, e de como os judeus eram representados. Enquanto Hitler era representado através de um enquadramento denominado de *Contra-plongeé*, em que o personagem é filmado de cima para baixo e transmite uma ideia de poder e grandeza, os judeus eram filmados por uma técnica contrária, ou seja, o *Plongée*, que seria uma forma de inferiorizar o que está sendo filmado[150].

No campo da Antropologia, temos também a *etnografia de tela*, que tem como princípios estratégicos uma:

> [...] longa imersão do pesquisador em campo (no caso do filme, de contato com a tela de projeção), observação sistemática e variada, registro em caderno de campo e a escolha de cenas do filme buscando articular a representação fílmica com um determinado referencial teórico. A proposta de imersão – método largamente empregado na etnografia de campo – é um indício de que essa metodologia compreende o filme não apenas como uma construção narrativa, mas uma extensão da vida 'real' em que os elementos técnicos escolhidos para dar forma à representação das histórias e personagens configuram práticas com impacto social[151].

Assim, partindo da etnografia, método de análise de uma realidade cultural bastante utilizado na Antropologia, essa forma de trabalhar com o cinema nos fornece mecanismos para pensarmos a análise fílmica como um campo imbricado pelo social. Além disso, somos compelidos a pensar a maneira como sistematizamos os dados coletados durante o processo de escrita da pesquisa.

---

[149] FERRO, Marc. Cinema e história. Rio de Janeiro: Paz e terra, 1992, p.13.

[150] Sobre a forma de como o cinema foi apropriado pelo nazismo, recomendamos o documentário *Arquitetura da destruição* (Peter Cohen, 1989). Neste documentário o diretor demonstra a relação do nazismo com a arte e de como esta foi utilizada para construir uma narrativa de um purismo racial e artístico.

[151] COLINS, Alfredo Taunay; DE LIMA, Morgana Gama. *Etnografia de tela e semiopragmática: um diálogo entre metodologias de análise fílmica.* AVANCA CINEMA, p. 430-437, 2020, p.432.

No campo da Sociologia temos, para além dos trabalhos já citados no percurso deste trabalho, Menezes[152], Morin[153], Tolentino[154], Bispo[155] e outros trabalhos significativos dentro do referido campo de conhecimento, que fazem do cinema seu objeto de estudo. Cabe aqui trazer o trabalho desenvolvido por Caroline Gomes Leme que busca entender a relação existente entre cinema e sociedade através dos seus trabalhos, pensando em termos teóricos e metodológicos[156]. No plano teórico, a autora, ao explicar a relação entre um filme e a forma de conhecer o social, afirma que:

> [...] as obras fílmicas, enquanto produções culturais, podem ser consideradas meios legítimos e diferenciados para o conhecimento da sociedade, uma vez que não são abstrações estéticas desligadas de seu contexto histórico-social, mas são parte integrante da realidade social, produzindo significados, valores e proposições[157].

Aqui, o cinema aparece como um meio pelo qual o sociólogo pode se apropriar para obter conhecimentos sobre a realidade social, pois, através da forma que determinada estória é contada, as escolhas estéticas são apresentadas, nos dá indício do contexto em que essa produção fílmica foi realizada, produzem significados e reforçam valores. Desta forma, filmes sobre o Nordeste tendem a agenciar *discursos*[158] e *regimes de verdade*[159] sobre o ser nordestino, bem como atuam de modo a construir valores em relação ao gênero, sobre a forma de se enquadrar no padrão binário masculino e feminino. Com esse argumento Leme afirma que rompe com a:

> [...] dicotomia entre abordagens 'externalistas' e 'internalistas' do cinema, entendendo que o social está tanto fora dos filmes – na configuração do meio cinematográfico, nas redes de relações entre cineastas, na relação entre cinema--Estado – como dentro deles, isto é, nas problemáticas que eles apresentam por meio de sua tessitura formal[160].

---

[152] MENEZES, P. 1996; 2017.

[153] MORIN, E. 2001.

[154] TOLENTINO, C. 2013.

[155] BISPO, B. 2019.

[156] Adiantamos ao leitor que o aspecto metodológico do trabalho foi desenvolvido no próximo tópico.

[157] LEME, Caroline Gomes. *Cinema e sociedade: sobre a ditadura militar no Brasil.* 2011, p.02- 03.

[158] FOUCAULT, M. 1996.

[159] FOUCAULT, M. *Microfísica do poder.* Rio de Janeiro: Edições Graal, 4° ed. 1984.

[160] LEME, Caroline Gomes. *Enquanto isso, em São Paulo... : à l'époque do Cinema Novo, um cinema paulista no "entre-lugar".* 2016, p.27.

Na perspectiva aqui apontada, a forma, o conteúdo e o contexto são extremamente importantes para se entender a relação entre cinema e sociedade, onde esses três elementos confluem na totalidade do filme. E a análise, que se pretende ser exitosa, tem que considerar esses fatores, sem, contudo, atribuir pesos diferentes entre eles; a análise, portanto, deve encontrar um equilíbrio na forma de apresentar esses fatores.

Como podemos perceber, existem várias maneiras de pensar a relação entre cinema e realidade e cinema e sociedade. Existem também várias possibilidades de análise metodológica de um filme. Contudo, antes de prosseguirmos, explicamos o que entendemos por análise, que pode ser definida como:

> [...] um conjunto de operações aplicadas sobre um determinado objeto e que consiste em sua decomposição, seguida de uma recomposição, com finalidade de identificar melhor seus componentes, sua arquitetura, seus movimentos, sua dinâmica etc.: em uma palavra, seu princípio de construção e funcionamento[161].

É nesse processo de decomposição, ou seja, de escolha de partes a fim de analisá-las com mais detalhes, entendendo como esses elementos funcionam de maneira isolada. Realizado esse primeiro movimento, de compreensão das partes, partiremos para um segundo momento, onde reorganizamos o que foi percebido de maneira isolada e tentamos compreender em seu conjunto.

Temos então a *decupagem* como momento privilegiado da análise. É nesse processo de análise do filme que "os extratos dos filmes vão sendo sistematizados conforme as questões a serem abordadas e com o uso dos termos adequados no âmbito da linguagem cinematográfica[162]". Ao realizar esse processo de decupagem, realizamos, também, uma análise que contempla não só o filme enquanto uma produção artística, através da linguagem pela qual a película é construída, mas também estamos pensando em temas relevantes para refletir sociologicamente através das categorias de gênero e sexualidade, articulados com as questões referentes a região Nordeste.

Entretanto, analisar as categorias que dão forma a este trabalho nos termos expostos acima, indica o que Freitas chamou de *paradigma representativo da sociologia da arte*, modelo que "transforma a arte em mero signifi-

---

[161] CASETTI, Francesco; CHIO, Frederico Di. Cómo anlizar un filme. Barcelona: paidós, 1998, p 17, tradução nossa.

[162] CÂMARA, Antônio da Silva; BISPO, Bruno Vilas Boas; LESSA, Rodrigo Oliveira. *Imagens da classe trabalhadora no documentário brasileiro: apontamentos metodológicos*. 2020, p.499.

cante, representação ou alegoria de uma realidade social. É como se o social fosse uma espécie de ente transcendente, ao qual se visa alcançar por meio de objetos empíricos diversos, como a arte[163]". Segundo essa perspectiva, a obra de arte seria reflexo da sociedade, ou uma simples representação. Segundo esse paradigma de análise sociológica, a qual aqui se critica, a parte contextual seria a base para análise fílmica e a forma e o conteúdo do filme seriam elementos secundários, e não mereciam tanto destaque.

Ao mostrar esse paradigma apresentado acima, a autora também nos oferece uma solução, ou seja, propõe realizar uma análise fílmica que não busque "desvendar o que está oculto no filme, e sua origem ou para além dele, mas a microfísica que o anima e afeta os sentidos do espectador/analista[164]". A autora destaca que o investigador deve considerar também a dimensão sensível que o filme proporciona, ou seja, deve-se considerar também as emoções causadas pela experiência visual. Perceber que afetos são mobilizados quando vemos determinados tipos de imagens deve fazer parte do processo de análise, pois esses afetos nos dizem muito sobre como o filme é recebido.

Acreditamos que a dimensão do sensível é presente em toda análise fílmica, pois a escolha de um filme parte, em grande medida, das sensações que o filme nos causa. Destacar essa dimensão do sensível, durante o processo de análise, também faz com que o filme não se torne algo acabado. Primeiro que, uma determinada emoção causada por um filme qualquer, não necessariamente cria um mesmo sentimento, onde, nesse caso, várias relações de carácter subjetivo interpelam o pesquisador. Segundo, o foco de análise depende do objetivo de cada estudioso, bem como da área que ele se insere, pois como vimos, o cinema é objeto de estudo de várias disciplinas.

Essas várias formas de pensar os filmes, bem como diversas áreas das quais podemos partir para realizarmos uma análise, ficam evidentes a partir da multiplicidade de pesquisas pelas quais os filmes, *Orgia* e *Tatuagem*, tornaram-se objeto de análise. *Orgia*, por exemplo, foi analisado dentro do campo da História, sendo comparado com o filme *Macunaíma*, de Pedro de Andrade (1969). Este trabalho, intitulado *Entre heróis e marginais nos brasis de Macunaíma (1969) e Orgia ou o homem que deu cria (1970)*, escrito por Janaína Júlia Langaro, no ano de 2021, busca entender como os dois filmes que nomeiam sua dissertação constroem uma ideia de Brasil, mostrando, sobretudo, a diferença na forma como os filmes falam sobre o Brasil e o

---

[163] FREITAS, Carolina Rodrigues. *Afetos e sentidos no filme Girimunho (2011), de Clarissa Campolina e Helvécio Marins*. 2022, p. 70.

[164] *Ibidem*, p.54.

povo brasileiro. Conforme a autora, o "trabalho não busca uma análise das técnicas e construção própria do cinema, mas sim nos ater a uma abordagem cultural e simbólica destas duas produções[165]". Assim, as questões contextuais, considerando que os dois filmes foram realizados no período ditatorial, ganham destaque. Vemos, também, o cinema como mero mecanismo de representação de uma sociedade marcada, principalmente, pela violência, e todo o filme seria uma alegoria a respeito dessa sociedade. Desta maneira, todas as cenas citadas durante o texto, servem como um espelho do real, e todo filme poderia ser pensando como uma alegoria ao período ditatorial.

Na área do audiovisual, temos o trabalho de Fernanda Affonso de André Jaber[166], que aborda questões mais formais sobre a produção do Cinema Marginal, associando ao contexto de produção cinematográfica. Aqui, temos um bom exemplo de trabalho onde as características do Cinema Marginal são abordadas, bem como o período de emergência desse movimento cinematográfico. Desta forma, filme *Orgia* é analisado de maneira que suas características tornem um exemplo de como esse filme pode ser "enquadrado" na produção da Boca do Lixo.

Já no trabalho de Guiomar Ramos[167], a autora pretende "destacar, dentro da análise fílmica, a leitura do discurso corporal". Observamos, por sua vez, uma articulação entre cinema e teatro, no que diz respeito às atuações, destacando o processo criativo dos atores que, dentro da produção de *Orgia*, tinham espaço para improvisos, tanto na maneira de atuar como na própria criação de suas falas. Podemos perceber que o mesmo filme, no caso o de Trevisan, pode ser objeto de estudo com objetivos e focos diferentes de análises.

O mesmo ocorre com *Tatuagem*, sobre o qual localizamos trabalhos dentro dos estudos de mídia que, partindo das performances do grupo Chão de Estrelas, constroem um diálogo entre o filme e a teoria *Queer*, bem como a filosofia cínica[168]. Na dissertação de Paiva[169], as questões filosóficas, bem como a teoria *Queer*, tem centralidade dentro da análise e questões mais

---

[165] LANGARO, Janaína. Julia. *Entre heróis e marginais nos brasis de macunaíma (1969) e orgia ou o homem que deu cria (1970)*. 2021, p.13.

[166] DE ANDRÉ JABER, Fernanda Affonso. *A boca do lixo vai acabar: a invenção sob intervenção do Estado*. Revista o olho da história, n. 26, março de 2018.

[167] RAMOS, Guiomar. *Aspetos performáticos no ator de cinema brasileiro*. In Atas do II Encontro Anual da AIM, 2013, p.329.

[168] A filosofia cínica foi um movimento filosófico que surgiu na Grécia antiga e que questionava os valores da sociedade. Sobre esse movimento, recomendamos a leitura do livro de Bertrand Russell intitulado *História da filosofia ocidental: livro I. A filosofia antiga*.

[169] PAIVA, André Luiz dos Santos. *Coragem da verdade e estética em Tatuagem: uma leitura cínico-queer*. 2016.

formais ficam em segundo plano. No referido texto, somos apresentados a fragmentos de cenas que servem como ilustrações do que os filósofos cínicos e os teóricos *Queer* teorizam em suas produções.

No campo do Direito, o filme de Hilton Lacerda foi tomado enquanto objeto de estudo. O texto *Autoritarismo e homofobia: a repressão aos homossexuais nos regimes ditatoriais cubano e brasileiro (1960-1980)*, do professor Douglas Pinheiro[170], utiliza-se do filme a fim de fazer uma análise comparativa entre Cuba e Brasil, nos contextos ditatoriais, e como a população LGBTQIA+ sofreu repressão durante esse período. Desta forma, o trabalho citado, utiliza-se do filme como uma forma de exemplificação das condições de violência e silenciamento ocorridos durante os regimes ditatoriais.

Outro trabalho que segue linha argumentativa semelhante, ou seja, pensando o filme como um elemento ilustrativo de uma realidade, temos o trabalho de Stella Ferreira[171] que, partindo de uma perspectiva historiográfica, destacou a dimensão política do corpo e a questão da resistência no ano de 1964. Deste modo, as performances do grupo Chão de Estrelas são encaradas apenas como um exemplo de subversão que, através do corpo, criticavam a ditadura civil-militar.

Com esses exemplos, podemos perceber como *Orgia* e *Tatuagem* foram apropriadas por diversas áreas do conhecimento em que, em alguns trabalhos, predominam a análise dos aspectos formais, já outro ponto, a parte contextual torna-se o centro do estudo. Podemos perceber através desses exemplos que a análise fílmica não possui uma forma única, uma metodologia uniforme e que a análise fílmica não é homogênea, devendo-se, esse movimento analítico, em grande parte, o objetivo ao qual o pesquisador aspira observar.

Com base nos exemplos anteriormente apresentados, podemos concluir que cada análise possui suas especificidades, particularidades e, nesse sentido, cada análise fílmica deve ser feita tendo como base nos "objectivos estabelecidos a priori e que se trata de uma das atividades uma observação rigorosa, atenta e detalhada a, pelo menos, alguns planos de um determinado filme[172]". O pesquisador, nesta perspectiva apresentada, deve chegar ao filme com alguns objetivos elaborados, pois são estes que o fornecem elementos para a realização da análise que, a depender do objetivo, pode

---

[170] PINHEIRO, Douglas. *Autoritarismo e homofobia: a repressão aos homossexuais nos regimes ditatoriais cubano e brasileiro (1960-1980)*. Cadernos pagu, 2018.

[171] FERREIRA, Stella. *O corpo também é um agente político: a resistência à Ditadura Civil Militar através do filme Tatuagem*. 2020.

[172] PENAFRIA, Manuela. *Análise de Filmes-conceitos e metodologia(s)*. In: VI Congresso Sopcom. 2009, p.4

ter uma forma de utilizar o filme diferente dentro do texto. Por isso, cada uma das análises apresentadas nos parágrafos anteriores apresenta maneiras e objetivos diferentes na abordagem dos dois filmes. A maioria dos trabalhos apresentados seguem a intenção de usar o filme como exemplo, seja de um determinado contexto ou movimento, ou como ilustração de uma determinada teoria. Embora o presente texto tenha parte contextual e, em momentos da análise, sejam articuladas teorias, não tomamos o filme como exemplo dessas questões, mas o filme, neste trabalho, é pensado enquanto um objeto privilegiado de análise sociológica que, por isso, possui algumas características específicas que devem ser consideradas. Com base nesse preâmbulo, no próximo tópico, abordamos como esse trabalho procedeu metodologicamente em relação ao material fílmico.

2.5 Um percurso analítico

A forma pela qual o filme é analisado depende do objetivo definido pelo pesquisador e, neste tópico, apresentamos nossas escolhas metodológicas, no que concerne à análise fílmica. Já esboçamos um pouco sobre formas de trabalhar com o filme na introdução e no tópico anterior, mas detalharemos como se deram as análises que apresentamos nos próximos capítulos.

Destacamos ao(à) leitor(a) como o texto foi estruturado; no primeiro momento, serão apresentamos características mais gerais das obras analisadas, considerando o contexto de produção, como cada película apresenta o Nordeste e seus habitantes. Realizado esse movimento, um segundo momento do texto foi utilizado para pensarmos questões específicas no escopo dos filmes, principalmente no que se refere às questões do gênero e da sexualidade, bem como a forma que esse debate é abordado em cada um dos filmes.

O processo de uma análise mais abrangente, seguida de uma análise mais detalhada, tem como base o procedimento denominado por Caroline Gomes Leme de *Panorâmica* e *Close*. No primeiro movimento, perceberemos:

> [...] o que é ressaltado e o que é obliterado; quais são as tendências gerais bem como as exceções; e de que forma tais tendências e exceções relacionam-se com o contexto sócio-histórico e as condições de produção em que os filmes se inscrevem [...] o panorama, entretanto, proporciona um olhar abrangente sobre os aspectos em questão, permitindo o exame da trajetória de abordagem do tema ao longo dos anos[173].

---

[173] LEME, Caroline Gomes. 2011, p.10

Essa visão nos foi útil para entender os aspectos contextuais que impediram *Orgia* de ser lançado nas telas de cinema, bem como Hilton Lacerda se apropria do grupo teatral recifense *Vivencial Diversiones* e constrói seu fictício *Chão de estrelas*. Essa parte contextual e mais abrangente do trabalho se deve em decorrência de os dois filmes analisados pertencerem a momentos históricos diferentes e considerar essas dimensões se torna importante para compreendermos a obra cinematográfica.

Realizado esse movimento *Panorâmico*, seguimos com o *Close*, no qual:

> Os filmes selecionados são objeto de um olhar detido e particularizado, com o intuito de se analisar propriamente a construção audiovisual do argumento fílmico. [...] O enfoque privilegiado é a análise interna da construção fílmica, mas, adicionalmente, são trazidos elementos extra fílmicos que contribuem para a compreensão da inserção da obra no meio social[174].

Esse olhar mais detalhado nos ajudou a entender os elementos formais do filme, ou seja, a forma como o movimento de câmera é utilizado, as escolhas narrativas, falas de personagens etc. Nos ajudou também a compreender a forma como as questões referentes ao gênero são colocadas nas duas produções que são objeto da análise.

Pensar através desses dois procedimentos descritos anteriormente coloca em evidência as questões contextuais e as questões formais, em que a teoria não se sobressai à obra fílmica, nem o oposto acontece. Todos os aspectos, dentro do objetivo da análise, são contemplados, dando maior complexidade ao filme, do que só ressaltar o aspecto formal ou contextual.

Explicado como o texto foi estruturado, em um primeiro momento, destacando aspectos mais contextuais, seguido dos aspectos formais dos filmes, explicamos como a análise fílmica foi realizada. Três reflexões já realizadas, de maneira preliminar na introdução e no tópico anterior, servem de base para como pensamos a análise dos filmes.

A definição de análise teve como base a produção de Casetti e Chio que pensam a análise fílmica como um processo de "uma composição e decomposição do filme que conduz aos seus princípios de construção e de funcionamento [...][175]". É nesse processo de *desagregação e agregação*, que constituímos o processo de análise. E é nessa direção, de decomposição seguida de uma nova

---

[174] ibidem, p. 10.

[175] CASETTI, Francesco; CHIO, Frederico Di. 1998, p.33, tradução nossa.

composição, que se deu a análise fílmica, cujo principal objetivo foi, primeiramente, pensar em cenas específicas, tanto de *Orgia* como em *Tatuagem*, que tocassem nas questões referentes à região Nordeste, bem como as questões referentes a gênero e sexualidade. Em seguida, observamos como essas cenas são construídas em sua totalidade, ou seja, como essas cenas específicas dialogam com a totalidade do filme. Fazendo com que compreendamos como esses elementos são apresentados na obra como um todo.

A segunda reflexão que estrutura a metodologia aqui exposta, e que complementa a apresentada acima, se detém no processo de *decomposição* ou *decupagem*, que seria:

> [...] o procedimento de isolar trechos do filme que carreguem sentido para o exercício de interpretação. Por vezes, essa unidade analítica restringe-se a um corte, um movimento de câmera, ou à transição de duas sequencias, ou à contraposição de planos, ou mesmo ao jogo o que é campo e contracampo; por vezes essa unidade analítica pode se resumir à banda sonora. *Não há uma regra preestabelecida para definir tal unidade analítica.* E é importante que assim o seja visto que o próprio processo criativo da arte produz novos mecanismos expressivos. Além disso, na medida em que a mesma realidade carrega infinitas possibilidades de interpretação, cabe ao investigador ou investigadora adaptar suas unidades analíticas aos distintos objetivos específicos[176].

Com base nesse processo de decupagem, o foco recai mais sobre a análise estética da obra, em que partes específicas do filme são elencadas como importantes a depender do objetivo do autor. Esses objetivos também definem que tipos de elementos fílmicos ganham destaque no processo analítico, como os vários citados pelo autor. Outra questão a ser levantada com base no exposto acima, é a liberdade e as várias possibilidades que decorrem de uma análise, considerando objetivos divergentes, ou que os filmes mobilizem sentimentos distintos, como alertou Freitas[177] (2022), são fatores que devem ser considerados no processo de análise.

Esse processo de decomposição pode dar a impressão de que o autor tem total liberdade sobre o filme, podendo, inclusive, o pesquisador criar

---

[176] BISPO, Bruno Vilas Boas. *Imagens de uma utopia latino-americana: A batalha do chile, filme de Patrício Guzmán.* 2019, p.30, grifos nossos.

[177] FREITAS, Carolina Rodrigues. 2022.

um filme partindo de suas análises. Por isso, o terceiro elemento que merece destaque no movimento de análise fílmica diz respeito à "criatividade analítica". Segundo os autores:

> [...] os limites dessa invenção, dessa "criação" são, contudo, muito estritos. O analista deve de fato respeitar um princípio fundamental de legitimação: partindo dos elementos da descrição lançados para fora do filme, devemos voltar ao filme quando da reconstrução, a fim de evitar reconstruir um outro filme. Em outras palavras, não se deveria sucumbir à tentação de superar o filme. Os limites da "criatividade analítica" são os do próprio objeto da análise. O filme é, portanto, o ponto de partida e o ponto de chegada da análise[178].

Essa observação é de extrema importância, pois, o filme é que nos demonstra aquilo que estamos procurando, considerando o objetivo pretendido. O filme como sendo o início e o fim da análise, pretende compreender a película em sua totalidade. Isso também situa ao investigador em posição de alerta, para que sua análise não transforme o filme, objeto do trabalho, em algo estranho, algo que extrapole aquilo que o filme informa. Destacamos que grande parte dos limites da análise nos é colocada pela dimensão material do filme, ou seja, posicionamento de câmera, sons, cores, objetos cênicos etc.

Considerando que os dois filmes que analisamos ilustram imagens não convencionais, como homens defecando e várias bundas à mostra, isso para ficarmos em dois exemplos, cabe relembrar mais uma vez o trabalho de Cusicanquimque, ao mencionar a descolonização das imagens, afirma que "a descolonização só pode realizar-se na prática. Seria, no entanto, uma prática reflexiva e comunicativa, baseada no desejo de recuperar uma memória e uma corporalidade próprias[179]". Assim, oferecer destaque para essas cenas "grotescas e desconfortáveis do filme, no momento de análise, é, ao nosso ver, uma maneira de mostrar outras narrativas que não a predominante. Além disso, somos apresentados a uma variedade de corpos. Paralelo a isso, a autora destaca a questão da memória e, como apresentamos na introdução deste trabalho, dada a conjuntura política brasileira dos últimos anos, em relação à ditadura civil-militar, devemos lembrar desse contexto e de suas contradições e violências, rememorando a atuação do

---

[178] VANOYE, Francis; GOLIOT-LÉTÉ, Anne. 2012, p.15.

[179] RIVERA CUSICANQUI, Silvia. 2015, p.28, tradução nossa.

grupo de teatro Vivencial que, dentro do período ditatorial, emergiu como um grupo contestador das opressões e cerceamento de direitos característicos desse momento.

Buscamos, com esse capítulo, sistematizar algumas reflexões sobre a importância da visão e das imagens dentro da sociedade ocidental, bem como algumas considerações sobre a utilização política desses elementos imagéticos. Seguimos pensando sobre o cinema em sua relação com a modernidade e de como este se tornou associado a uma representação fiel da realidade. Percebendo essa relação estreita entre o cinema, o real e o imaginário, expomos algumas metodologias que se dedicam a pensar o filme em sua especificidade. Destacamos aqui, enquanto procedimento metodológico, o processo de composição e decomposição do material fílmico, expostos aqui através dos trabalhos de Vanoye e Goliot-Lété[180], Casetti e Chio[181], Leme[182] e Bispo[183], que demonstram dois momentos de análise essenciais para compreender o filme em toda sua complexidade. Além disso, é nesse processo que vamos nos atentar para a dimensão da forma fílmica, tal como alertou Menezes[184], pois reparar a maneira como estória de determinado filme é contada é crucial no processo de análise, sendo que é através dela que percebemos os valores, posições políticas do diretor que, muitas vezes, não aparece explícita no texto do filme, mas na forma como ele é contado.

As reflexões aqui encontradas nos deram a base para pensarmos a forma como os filmes foram analisados, pois, analisar um filme não é emitir uma opinião sobre a película, mas um exame detalhado e complexo em que realidade e sonho, ou realidade e subjetividades, atravessam a produção cinematográfica.

Tendo detalhado ao leitor como se deu o procedimento analítico, nos próximos dois capítulos, nos dedicamos a analisar os filmes, percebendo, em um primeiro momento, seus aspectos mais gerais e contextuais e, no segundo momento, nos dedicamos, sobretudo, à dimensão estética da obra cinematográfica.

---

[180] VANOYE, Francis; GOLIOT-LÉTÉ, Anne. 2012.

[181] CASETTI, Francesco; CHIO, Frederico Di. 1998.

[182] LEME, Caroline Gomes. 2011.

[183] BISPO, Bruno Vilas Boas. 2019.

[184] MENEZES, P. 2017.

3

ORGIA OU O HOMEM QUE DEU CRIA: ENTRE A PARÓDIA, O DESBUNDE E A RESSIGNIFICAÇÃO

> Do mesmo autor do livro Devassos no Paraíso, o filme aborda a questão da identidade brasileira através de uma variedade de personagens inusitados que povoam uma caravana fazendo o trajeto sertão-cidade. (Sinopse retirada do encarte do 3°mix Brasil festival, aonde *Orgia* foi exibido pela primeira vez).

Dedicamos esse capítulo a pensar o filme de João Silvério Trevisan, *Orgia* que, devido ao período conturbado da ditadura civil-militar, não chegou a ser lançado em salas de cinema. Assim, julga-se necessário, em um primeiro momento da decupagem, destacar elementos que acreditamos serem importantes para a compreensão do período histórico ao qual o filme pertence. Em seguida, nos detemos à reflexão sobre como o filme desenvolve imagens e sons sobre o Nordeste, constituindo representações sobre a região, e como ele difere de representações de outro movimento como, por exemplo, o Nordeste imaginado pelo Cinema Novo, em especial na figura do Gláuber Rocha. Esse momento de *panorâmica*[185], será seguido de outra parte, e nessa parte do texto damos um *close*[186] no filme para pensarmos em questões específicas, sobretudo relacionadas ao gênero e os debates estéticos presentes no filme. Para isso, consideramos que alguns personagens dentro da narrativa se sobressaem para pensar as questões referentes ao gênero, como a travesti, o cangaceiro grávido e dois personagens que demonstram possuir uma tensão sexual entre si.

Desta forma, buscamos, com esse capítulo, pensar em um Nordeste em que o fragmentado, a travesti, um homem grávido, bem como uma anja, um rei cadeirante, um padre, um indígena e um intelectual, tensionam estruturas relacionadas à região, ao gênero e à sexualidade que tornam essas categorias como sendo naturais, fixas e, consequentemente,

---

[185] LEME, Caroline Gomes. 2011.

[186] *Ibidem.*

imutáveis. Dito de outra maneira, esses elementos do filme questionam as categorias sociais pensadas pelo senso comum como permanentes, embora elas não sejam.

Então, nas próximas páginas, analisamos *Orgia*, que teve suas filmagens realizadas em apenas quinze dias, segundo consta nos créditos finais do filme, e que, à princípio, se chamaria *Foi assim que matei meu pai*. Em várias entrevistas, Trevisan expressou o desejo de ter escolhido como título do seu filme, *Foi assim que matei meu pai*, realizando uma referência direta ao pai do Cinema Novo, Glauber Rocha. Contudo, o medo de ter seu filme interditado pelos censores fez com que optasse pela mudança do título do filme.

3.1 Contextualização

Antes de nos determos à análise do filme de Trevisan, *Orgia ou o homem que deu cria*, acreditamos que uma contextualização histórica do período em que o filme foi realizado, no ano de 1970, em que o Brasil se encontrava sob a ditadura civil militar, é importante. Como veremos, uma das características desse período, é a censura que dentre as manifestações artísticas impedidas de circular encontramos *Orgia*, que foi lançado apenas em 1995, ou seja, 25 anos depois de sua rodagem, no *Mix Brasil – Festival de Manifestações das Sexualidades*[187], realizado na cidade de São Paulo. João Silvério Trevisan, com medo da violência, durante o período em que os militares se alternavam no poder, mudou para a Califórnia, devido à censura, não conseguiu dinheiro para distribuição de seu longa-metragem, mas esse momento de exílio também foi marcado por uma rica trajetória, dentro dos movimentos sociais e em sua trajetória intelectual[188].

Paralelo a isso, consideramos importante rememorar esse período da nossa história, ainda mais em um contexto no qual observamos grupos defendendo e exigindo a volta do regime militar, grupo este que rejeita a ideia de que no período ditatorial houve violência, bem como a retirada de direitos de liberdade já demonstrada por uma vasta historiografia. Cabe aqui ressaltar que esses discursos adquiriram uma forma violenta no dia 8 de janeiro de 2023, em um episódio no qual houve a invasão ao Palácio dos Três Poderes, localizado em Brasília. Grande parte dos vândalos envolvidos

---

[187] A folha de São Paulo falou sobre esse momento, que pode ser acessado através do link: https://www1.folha.uol.com.br/fsp/1995/10/08/revista_da_folha/19.html.

[188] As informações sobre o exílio podem ser encontradas em suas obras como, por exemplo, seu livro *Pai, pai*, lançado em 2017 pela Companha das Letras, e em algumas entrevistas disponíveis no *YouTube*.

OUTROS NORDESTES POSSÍVEIS:
GÊNERO E ABJEÇÃO EM ORGIA OU O HOMEM QUE DEU CRIA (1970) E TATUAGEM (2013)

nesse ataque, estavam acampados em frente a quartéis pedindo intervenção militar, afirmando que apenas a volta dos militares ao poder salvaria o país. Esse pode ser um exemplo concreto da mentalidade que se via no regime ditatorial, o entendimento de que os militares seriam a única saída possível para livrar o Brasil do comunismo.

O regime militar ou ditadura civil-militar, foi um período da história brasileira, iniciado em 1964, que durou 21 anos, no qual os militares assumiram o governo, sendo marcado por muita violência, censura e repressão. Mas também tivemos movimentos de oposição importantes, principalmente na área da cultura, como o Cinema Novo, no cinema, e o movimento tropicalista, na música, isso para ficarmos em alguns exemplos de movimentos que questionaram o regime, à época, vigente e pensaram em formas de mudanças através da arte. Devemos pensar nesse período, em toda sua complexidade, como nos lembra o historiador Marcos Napolitano que, ao fazer uma análise sobre o processo de consolidação do regime militar e dos anos que o Brasil viveu sob essa ditadura, afirmou que:

> [...] o golpe foi muito mais do que uma mera rebelião militar. Envolveu um conjunto heterogêneo de novos e velhos conspiradores contra Jango e o trabalhismo: civis e militares, liberais e autoritários, empresários e políticos, classe média e burguesia. Todos unidos pelo anticomunismo, a doença infantil do antirreformismo dos conservadores[189].

Tendo o comunismo como o inimigo interno a ser combatido e com a grande mídia colaborando com a ideia de ameaça de concretização de um plano comunista para o Brasil, os militares, apoiados por diversos setores da população, se consolidam de maneira decisiva no governo, que teve seu fim no ano de 1985.

No plano econômico e social, podemos ver toda a contradição deste período, pois, enquanto víamos um crescimento do Produto Interno Bruto (PIB[190]), chegando o Brasil à 10° economia mundial, as desigualdades sociais e regionais foram se ampliando. Como nos diz o historiador Marcos Napolitano[191] p. 147): "apesar do desenvolvimento inegável e da expansão capitalista, a maior parte da sociedade brasileira não pode desfrutar os

---

[189] NAPOLITANO, Marcos. *1964: História do regime militar brasileiro*. São Paulo: Contexto, 2021, p.43-44.

[190] De acordo com o Instituto Brasileiro de Geografia e Estatística, o PIB seria a soma de todos os bens de serviços produzidos pelo país, estado e município. Mais dados sobre isso pode ser acessado através do link https://www.ibge.gov.br/explica/pib.php

[191] NAPOLITANO, M. 2021, p.147.

resultados materiais deste processo de maneira sustentável e equânime". Para consolidar essa afirmação, o autor exemplifica a situação do povo nordestino que, devido ao monopólio da terra na mão de grandes latifundiários, ia para a região Sudeste em busca de melhores oportunidades e, chegando lá, encontrava condições insalubres e indignas. Esse exemplo nos faz questionar o tal "milagre econômico"[192], pois, afinal, a economia ia bem para quem? A quem favorecia o dito desenvolvimento e a industrialização do país, se não ao capital estrangeiro? Enfim, a economia, no período militar, foi marcada de contradições onde, em simultâneo, observamos a criação de programas sociais como criado em 1970, e o Programa de Habitação Popular (PLANHAP). Entretanto, paralelo a esse desenvolvimento, observamos a concentração de renda na mão de militares e uma dependência do capital estrangeiro, gerando, assim, um maior endividamento externo.

Mas, sem dúvida, uma das características mais marcantes desse período, foi a violência, sendo a tortura, o exílio e a prisão marcas registradas da ditadura[193]. Destacamos que, embora o filme *Orgia* não fale diretamente da ditadura civil-militar, ou não utilize esse contexto como um plano de fundo, há certas passagens dentro do filme que remetem diretamente a essas atrocidades como, por exemplo, na cena em que vemos três personagens, dois homens e uma mulher, sangrando com as mãos amarradas, como se tivessem sido torturados que, como dito, era prática bastante comum nesse período. Contudo, essa condição dos sujeitos violentados não chama atenção ao grupo que deambula pelo sertão que, no filme, ao invés de prestarem socorro ou algo do tipo, ficam dançando, gritando e aproveitando um banquete, e a câmera fica alternando entre a festança promovida pelo grupo em formação e o sofrimento dos três outros personagens.

Para além da violência cometida contra militantes da esquerda, uma das parcelas da população que mais sofreu dessa violência estatal foi a população LGBTQIA+, visto que, durante esses anos, "o regime

---

[192] Este termo foi usado para caracterizar o crescimento econômico brasileiro durante os anos da ditadura civil-militar. Contudo, serve também para mascarar a grande concentração de renda, alta da inflação e aumento da dívida externa. Para mais detalhes de como essa ideia de milagre foi elaborada pelos militares como uma forma de mascaramento de várias outras questões, recomendamos a leitura do capítulo intitulado "Nunca fomos tão felizes: o milagre econômico e seus limites", presente no livro *1964: História do regime militar brasileiro*. No capítulo citado, o historiador Marcos Napolitano, através de uma vasta quantidade de dados, aponta diversas contradições encontradas nesse suposto milagre, bem como explica ao leitor como ainda hoje o discurso econômico desse período é utilizado de maneira saudosista, ou seja, como argumentação para pedir intervenção militar.

[193] De acordo com o relatório produzido pelo projeto Brasil nunca mais, estima-se que 144 pessoas foram mortas durante o regime militar e 1843 pessoas alegam ter sofrido algum tipo de tortura durante esse período. Esse relatório pode ser acessado através do link https://bnmdigital.mpf.mp.br/pt-br/

autoritário implementou um conjunto de políticas sexuais para o controle das manifestações de sexualidades e gênero dissidentes e para repressão do movimento homossexual brasileiro e seus veículos de expressão[194]". Quinalha cita várias violações cometidas contra essa população, seja no âmbito da violência física e prisões arbitrárias[195], mas também ocorreu no campo do simbólico, tendo a censura como exemplo, e qualquer manifestação era desaprovada.

Podemos afirmar que, durante a ditadura civil-militar, a censura foi um mecanismo para controlar e silenciar setores que, dentro do regime, oferecessem à ordem, algum tipo de perigo, nos mais variados âmbitos da sociedade. Dessa forma:

> O exercício da censura como instrumento de poder revela a complexa relação entre o Estado, a população, a cultura e a produção das subjetividades uma vez que sua institucionalização revela as nuances de um Estado autoritário que implementa dispositivos legais e proibições que objetivam a produção de um cidadão ideal, o que incluía a defesa a um modelo específico de sexualidade[196].

Essa citação demonstra a complexidade e as várias camadas que compuseram a censura no regime civil-militar, principalmente no domínio da subjetividade, onde a cultura e a sexualidade são elementos importantes no processo de transformação de um cidadão ideal, dentro da normatividade. Considerando a importância da cultura, durante esse período, seja para corroborar com as estruturas impostas pelo regime, onde a censura era o principal modelo de controle, ou como mecanismo de luta contra as violações causadas pela ditadura, através da arte revolucionária, representada pelo Centro Popular de Cultura (CPC), ligado à União Nacional dos Estudantes, o debate sobre a arte ganhou destaque nesse período. E nos deteremos nele, a seguir.

---

[194] QUINALHA, Renan. *Contra a moral e os bons costumes: A ditadura e a repressão à comunidade LGBT.* São Paulo: Companhia das letras, 2021, p.39.

[195] Ver os relatos apresentados sobre essas violências em Quinalha (2021), em especial o capítulo intitulado "A violência nas ruas: controle moral e repressão policial", capítulo no qual o autor apresenta uma vasta documentação acerca dessa violência policial e sobre como era o tratamento dado a pessoas LGBTQIA+, por parte dos militares.

[196] SIMÕES, Kleber José Fonseca. *Os cortes nos cus e os corpos (im)possíveis nos palcos soteropolitanos na ditadura civil militar.* In: Artivismos das dissidências sexuais e de gênero / Leandro Colling, organizador. - Salvador: EDUFBA, 2019, p.62.

3.1.1 A arte e o cinema da época

Foi através do plano da cultura que a ditadura realizou um grande esforço para manter sua ideologia e, de certa forma, se comunicar com as massas. Isso fica evidente nas diversas manifestações artísticas censuradas durante a época e, como podemos perceber, através da citação anterior, grande empenho dos sensores se dedicaram a impedir produções que transgredissem as normas, seja em relação ao regime, ou as normas de gênero. Assim, a censura, que inclusive fi criado um órgão que a legitimasse, o Divisão de Censura de Diversões Públicas (DCDP), teve o início de suas atividades ainda no fim do Estado Novo, em 1945, e servia como mecanismo de censura às obras que, de acordo com os censores, seguiam a contramão do projeto de nação idealizado pelos militares[197]. Desse modo, desde o Estado Novo, período que aconteceu de 1937 a 1945 e tem em Getúlio Vargas a figura política central, podemos falar em uma censura na qual o Estado é uma peça fundamental e que, na ditadura civil-militar, percebemos uma intensificação desse processo.

Contraditoriamente, esse período no qual os militares governaram o Brasil, também foi marcado por uma efervescência cultural no campo do cinema, como nos mostra Ismael Xavier que, ao falar sobre o cinema desse período, afirma que esse "foi, sem dúvida, o período de estética e intelectual-mente mais denso do cinema brasileiro. As polêmicas da época formaram o que se percebe hoje como um *movimento plural de estilos e ideias[198]*". Essa pluralidade de formas a qual se refere o autor pode ser estendida aos mais diversos produtos culturais. No campo da poesia e no das artes visuais, tivemos o Concretismo; no campo da música, assistimos à emergência do Tropicalismo; o teatro nos apresenta o Teatro Oficina, em São Paulo, e o Vivencial, em Pernambuco. Na produção cinematográfica, tivemos, para além da criação da Embrafilme, dois movimentos cinematográficos impor-tantes para entendermos a efervescência estética desse período, o Cinema Novo e o Cinema Marginal.

O Cinema Novo foi um movimento que surgiu:

> [...] na segunda metade da década de 50 [que] assistiu à emer-
> gência de novas idéias, novas ideologias e novas perspectivas.
> Assim, estava aberto o horizonte para o aparecimento de

---

[197] OLIVEIRA, Juliana Proenço de. *Contextos de Censura às Artes Visuais no Brasil: Duas Aproximações.* 2020.

[198] XAVIER, Ismael. O cinema brasileiro moderno. São Paulo: Paz e terra, 2001, p.21, grifos nossos.

novos projetos, capazes de levar para as telas de cinema do país, por meio das novas propostas temáticas e narrativas cinematográficas mais originais, os dilemas e incertezas da nação. A proposta era criar um autêntico 'cinema brasileiro' que descolonizasse a linguagem dos filmes e explorasse os problemas socioeconômicos do país. Influenciados pelo cinema neo-realista italiano e pela nouvelle vague francesa, os jovens cineastas brasileiros se esforçaram no sentido de colocar um ponto final na era dos estúdios[199].

Assim, o Cinema Novo queria criar uma estética nacional, que se desvinculasse da produção industrial aos moldes hollywoodianos. Outra característica importante desse movimento cinematográfico diz respeito à função social do cinema que, de acordo com esse movimento, seus filmes tinham como objetivo conscientizar as classes mais baixas das condições materiais de existência.

Já o segundo movimento cinematografico, denominado Cinema Marginal, cuja principais características são a metáfora e alegoria, além de ter o horror e o deboche como instrumentos fundamentais dentro da produção cinematográfica. Além disso, o roteiro não é pensando enquanto algo preciso ou estático. Nessas produções, a experimentação coletiva é uma constate[200]. O filme de Trevisan se enquadra neste tipo de produção cine-matográfica e conseguimos visualizar a maioria desses elementos elencados na citação acima, na sua produção visual. A produção do Cinema Marginal também se localiza em uma espacialidade bem definida, em São Paulo, o "Quadrilátero do Pecado" ou "Boca do Lixo", cujo nome foi atribuído devido à quantidade de prostitutas e pessoas LGBTQIA+ que frequentavam o local, sendo associado à impureza.

Foi criado, então, um *estigma* sobre esse lugar. A noção de estigma encontra teorização nos escritos de Goffman, que o define como sendo:

> um atributo profundamente depreciativo, mas o que é preciso, na realidade, é uma linguagem de relações e não de atribu-tos. Um atributo que estigmatiza alguém pode confirmar a normalidade de outrem, portanto ele não é, em si mesmo nem honroso nem desonroso[201].

---

[199] LEITE. Sidney Moreira. *Cinema Brasileiro: das origens á retomada*. São Paulo. Ed. Perseu Abramo, 2005 p.88.

[200] RAMOS, G. 2013.

[201] GOFFMAN, Erving. *Estigma – Notas sobre a Manipulação da Identidade Deteriorada*. Coletivo Sabotagem, 1963, p.6.

Ao colocar a noção de estigma em uma perspectiva relacional, o autor desloca a noção de que o estigma é uma característica natural, intrínseca ao sujeito e o destaca como sendo composta de ações, muitas vezes intencionais e assimétricas, entre quem nomeia e quem atribui o estigma, e aquele que essa característica é atribuída. Assim, associar esse espaço ao pecado, bem como sua produção cinematográfica ao status de marginal é, de certa forma, criar um estigma sobre esse ambiente, ressaltando as características negativas e criando um medo ou receio na população.

Apesar de todo o *estigma* construído em torno desse lugar, "a boca do lixo era responsável por cerca de 60 dos 90 filmes brasileiros produzidos anualmente, em média, na década de 1970[202]". Como podemos perceber, a Boca do Lixo foi importante polo produtor cinematográfico e consagrou nomes como o de José Mojica Marins, o Zé do Caixão.

Uma outra característica marcante desse período, que marca uma estética da época, e que podemos encontrar alguns de seus traços em *Orgia*, é o desbunde. Hollanda define os artistas desbundados como aqueles:

> [...] que se recusam a pautar suas composições ou apresentações nesse jogo de referências ao regime, ou que preferem não adotar o papel de porta-vozes heróicos da desgraça do povo, são violentamente criticados, tidos como "desbundados", "alienados" e até "traidores"[203].

Os trabalhos dos artistas desbundados utilizavam-se de suas produções para questionar tanto o regime civil-militar, como algumas questões da esquerda que os incomodavam. No caso de *Orgia*, essa crítica fica evidente na forma como o diretor João Silvério Trevisan constrói a imagem do seu cangaceiro, que se pretende ser o oposto da construção do cangaceiro que encontramos no filme de Glauber Rocha[204].

Podemos, então, pensar o desbundado como sendo "marginal por excelência, pelo sabor do gesto de estar à margem, pois afrontava tanto a direita conservadora, quanto a esquerda militante; tanto o regime militar, quanto quem combatia o regime com a luta armada[205]". Perceber o desbunde enquanto manifestação estética, onde todos os segmentos da sociedade

---

[202] ABREU, Nuno César. *O olhar pornô: a representação do obsceno no cinema e no vídeo.* 2ª. ed. São Paulo: Alameda, 2012, p.96.

[203] HOLLANDA, Heloísa Buarque de. *Impressões de viagem: CPC, vanguarda e desbunde: 1960/70.* Rio de Janeiro: Aeroplano, 2004, p.103.

[204] Essa relação é abordada mais detalhadamente adiante.

[205] DE OLIVEIRA, Leonardo Davino. *Jeito de corpo: desbunde como resistência político-poética.* 2016, p.5607.

OUTROS NORDESTES POSSÍVEIS:
GÊNERO E ABJEÇÃO EM ORGIA OU O HOMEM QUE DEU CRIA (1970) E TATUAGEM (2013)

são alvo de críticas e, justamente por essa característica, as produções com esse caráter desbundado, eram vistas com estando à margem da produção artística brasileira.

Contudo, se engana quem pensa que esses dois movimentos cinematográficos aqui destacados, o cinema Novo e o Cinema Marginal, estão em polos totalmente opostos. O crítico Jean-Claude Bernardet demonstrou algumas semelhanças entre produções cinema novistas e marginais e afirmou que, nos dois movimentos, é comum encontrar:

> [...] uma metáfora abrangente do Brasil: o filme constrói um microcosmo que representa a totalidade nacional, e o enredo tende a se tornar uma parábola. Essa "metáfora abrangente", que tanto seduziu o Cinema Novo, visitou o Cinema Marginal mais de uma vez (O monstro Caraïba, O gigante da América) e, embora cansada, continua manifestando-se de vez em quando (Amélia)[206].

Esse exemplo, dado pelo autor, do filme como metáfora, pode ser elucidativo para se pensar *Orgia*, pois acreditamos que o filme apresenta essa dimensão metafórica, onde alguns de seus personagens refletem sobre as questões do seu contexto falando do Brasil em um contexto mais amplo, bem como é através da metáfora que o filme dialoga com as produções cinematográficas da época. Percebemos, então, que não podemos pensar o Cinema Novo e o Cinema Marginal como polos totalmente opostos, mas movimentos que estão em diálogo, possuindo várias características em comum.

É dentro deste contexto contraditório, tanto do ponto de vista histórico quanto do ponto de vista artístico, que se situa a atuação de Trevisan, bem como seu filme, *Orgia,* que foi proibido de ser exibido nos cinemas por afrontar a moral[207]. Essa dimensão moralizante fica evidente no documento

---

[206] BERNARDET, Jean-Claude. *Cinema Marginal?* In: Cinema Marginal brasileiro: filmes produzidos nos anos de 1960 e 1970. Eugenio Puppo (org.).Heco Produções Ltda., 2012, p.14.

[207] A questão da moral é, assim como a modernidade, um dos temas que mais os sociólogos dedicaram seu pensamento, estando com a Sociologia desde sua criação enquanto uma disciplina acadêmica. Um exemplo evidente dessa preocupação da Sociologia com a moral pode ser encontrado na obra de um de seus fundadores, Émile Durkheim, que dedicou grande parte de seus estudos à questão da moralidade e a definiu como "um sistema de regras que predeterminam a conduta. Eles dizem como devemos agir em cada situação; e agir bem é obedecer bem" (DURKHEIM, 2008, p. 39). Ou seja, ser uma pessoa considerada moralmente boa, que deve agir segundo a sociedade a qual pertence. Mas a ideia de moral a qual esse trabalho se alinha tem como base o pensamento de Foucault (2019, p. 30), que vai pensar a moral como sendo uma "elaboração da conduta masculina feita do ponto de vista dos homens e para dar forma a suas condutas". O autor destaca a questão da moral dentro das relações de gênero, como sendo uma estrutura pensada através do masculino, mas, sobretudo, o autor analisa "à maneira pela qual o indivíduo estabelece sua relação com essa regra e se reconhece como ligado à obrigação

emitido pelo Serviço de Censura e Diversões Públicas (SCPD), tal qual reproduzido na figura 1, e que nos mostra algumas características importantes em relação à cultura da época que *Orgia* foi realizado. Percebemos quais seriam as condições necessárias para o filme ter seu lançamento liberado, tendo a justificativa principal para tais cortes o ataque à moral e aos bons costumes.

Figura 1- Documento do SCPD (Serviço de Censura e Diversões Publicas) aonde são apresentadas as causas do filme ser interditado bem como algumas orientações a serem seguidas para o filme ser lançado.

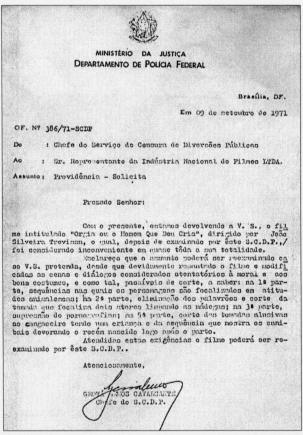

Fonte: Imagem retirada do livro organizado por Eugênio Puppo *Cinema marginal brasileiro e suas fronteiras,* lançado em 2012.

---

de pô-la em prática" (idem, p. 34). Dessa forma, a moral serve como um instrumento de constituição do sujeito, a moral, por assim dizer, cria *modos de sujeição*, obrigando o sujeito a se adequar às normas impostas por uma moral, a fim de que não seja punido, excluído da sociedade.

Esse documento também deixa evidente as várias tentativas de silenciamento que o regime militar impôs às populações tidas como não humanas, imorais e/ou descartáveis. Dessa maneira, recorremos mais uma vez a Quinalha quando o autor afirmou que:

> músicas, filmes e peças de teatro foram vetados e impedidos de circular por violarem, em seu conteúdo, a moral e os bons costumes, sobretudo quando faziam "apologia ao homossexualismo". Na televisão, telenovelas e programas de auditório sofreram com a intervenção direta das tesouras da censura, que cortavam os quadros e cenas com a presença de personagens "efeminados" ou "com trejeitos" excessivos e que, portanto, com sua simples existência, afrontavam o pudor e causavam vergonha perante os espectadores[208].

Essa citação nos ajuda compreender como a exaltação da masculinidade foi construida durante o regime militar e a tentativa de apagamento de tudo aquilo que não se enquadrava no padrão, que questiona a normatividade do gênero e de como tudo isso está associado a uma ideia de moral que, por vários mecanismos, tentam apagar esses sujeitos amorais. Trevisan pode ser pensando como um desses sujeitos que, dentro de sua trajetória, transitou entre o audiovisual, movimentos sociais e produção intelectual, sendo sua produção de grande contribuição a estudos sobre o movimento LGBTQIA+ no Brasil. Nesse sentido, no próximo tópico, destacamos a trajetória do diretor/autor a fim de ilustrar ao leitor as suas produções e suas atividades, dentro do campo político.

3.1.2 Trevisan: para além do intelectual

João Silvério Trevisan é paulista, ex-seminarista, nascido em 1944, teve uma militância política importante, foi um dos fundadores do Somos, grupo de libertação homossexual, em que:

> [...] uma série de discussões sobre o tema de organização das "minorias" brasileiras – em referência às mulheres, os negros, os povos indígenas, e os homossexuais – e acabou sendo também o evento em que o movimento de gays e lésbicas do Brasil 'se assumiu'. O painel sobre homosse-

---

[208] QUINALHA, R. 2021, p.27.

xualidade contou com a presença de editores do jornal Lampião [da esquina] e de membros do Somos. Mais de 300 pessoas lotaram o auditório[209].

O grupo Somos, bem como o jornal *Lampião da esquina*, "são consagrados hoje como referência da primeira onda de mobilização política em defesa da homossexualidade no Brasil[210]". Vale destacar que esse grupo, bem como sua produção intelectual (como a "origem" do homossexualismo, a participação de mulheres lésbicas, etc[211].) não eram consensuais e desse modo a divergência interna era bastante comum, o que fez com que vários grupos surgissem a partir do Somos, tais como o Eros e o Libertos. Contudo é inegável sua participação e pioneirismo dentro do movimento de libertação gay sobretudo porque nesse espaço, as pessoas se sentiam seguras para expressar sua sexualidade, bem como havia a circulação de materiais com temáticas homossexuais, como, por exemplo, a revista *Lampião da esquina*, revista que teve Trevisan como um dos idealizadores. Assim, a revista, que teve circulação entre os anos de 1978 e 1981, foi um importante meio de divulgação alternativo da população gay da época e tinha como pretensão "expor o modo de vida de homossexuais de forma a romper com a estigmatização e, ao mesmo tempo, conquistar o reconhecimento de um lugar no mundo, inclusive politicamente[212]". Existiam revistas que tratavam sobre o tema da homossexualidade, como, por exemplo, *O pasquim*, contudo, os homossexuais eram tratados por esses meios com tons humorísticos e de maneira sensacionalista[213]. E é tentando reverter essa condição da representação da população gay que emerge o jornal *Lampião da esquina*.

O próprio nome da revista serve como uma maneira de denunciar tanto o machismo presente na sociedade como na representação dos gays, de maneira geral, pela mídia. Desta maneira, Lampião fazia referência ao símbolo de virilidade nordestina; já esquina, era um termo que designava um espaço urbanizado, aonde a vida noturna prevalecia e local onde era possível encontrar populações à margem da sociedade como gays, lésbicas

---

[209] GREEN, James N. *"Mais amor e mais tesão": a construção de um movimento brasileiro de gays, lésbicas e travestis.* cadernos pagu, n. 15, p. 271-295, 2000, p.274.

[210] SIMÕES, Júlio Assis; FACCHINI, Regina. *Na trilha do arco-íris: do movimento homossexual ao LGBT.* São Paulo : Editora Fundação Perseu Abramo, 2009, p.81-82.

[211] Sobre essas divergencias recomendamos a leitura do já citado livro *Na trilha do arco-íris do movimento homossexual ao LGBT.*

[212] QUINALHA, R. 2021, p.145.

[213] Sobre o processo de organização da revista *Lampião da esquina*, bem como entrevistas de seus idealizadores, indicamos o documentário *É tudo verdade-Lampião da esquina Agnus Guei do Labedisco*, disponível no YouTube, podendo ser acessado no link: https://www.youtube.com/watch?v=ZsyTMvs6S8I

OUTROS NORDESTES POSSÍVEIS:
GÊNERO E ABJEÇÃO EM ORGIA OU O HOMEM QUE DEU CRIA (1970) E TATUAGEM (2013)

e prostitutas, cuja publicação do jornal, tinha como alvo esse público[214]. Também percebemos certa consonância entre o projeto da revista com o filme de Trevisan, não só por referenciar um cangaceiro que destoa do padrão de masculinidade socialmente esperado. No seu filme, também encontramos personagens que se enquadram nessa minoria a qual o jornal era dedicado. Ainda que não tenha conseguido um desempenho desejado perante o audiovisual brasileiro, afinal, "sua carreira como cineasta foi atropelada justamente pela situação política do país[215]", Trevisan desenvolveu importantes contribuições no meio acadêmico, como seu livro *Devassos no paraíso*, publicado inicialmente nos anos 2000, recebendo uma edição ampliada em 2018, onde apresenta um estudo sobre a homossexualidade, desde o Brasil colônia. Também desenvolveu estudos sobre a masculinidade e sua crise, reunidos no livro *6 balas num buraco só: a crise do masculino*, lançado em 2021. Podemos ver que o autor contribuiu e contribui na produção de reflexões relacionadas à questão de gênero e sexualidade, que permeia desde sua produção intelectual, como sua atuação política.

Acreditamos que essa parte contextual, sobre o período em que o filme foi realizado, ou seja, da ditadura militar, da opressão das populações LGBTQIA+, da trajetória política e intelectual de Trevisan, tal qual o contexto de produção cinematográfica da Boca do Lixo, bem como as principais características do Cinema Marginal, é essencial no processo de construção de uma análise sobre determinado material fílmico. Esta contextualização não busca traçar uma relação mecânica em que o filme é total produto do contexto, mas que deve ser entendido enquanto uma simbiose, em que um influencia o outro e podemos perceber algumas características elencadas nas páginas anteriores que podem ser identificadas no filme.

Feito o preâmbulo ao leitor, nas páginas que seguirão, nos dedicamos, de modo mais enfático, à análise do filme *Orgia* e, desse modo, cabe explicitar a maneira como esta foi realizada. O movimento de análise se deu da seguinte forma: em um primeiro momento, pensamos o filme de uma forma mais ampla, focalizando questões referentes a como o Nordeste é colocado em cena; num segundo momento da análise, focamos nas representações da travesti e como as masculinidades nordestinas são refiguradas pelo diretor, através dos personagens do cangaceiro grávido, que nos mostra novas formas de se representar os signos pelos quais a noção de Nordeste

---

[214] QUINALHA, R. 2021.

[215] GARCIA, Luiz. *Contestação, 1969: Os fios de histórias de filme exilado.* 2016, p.86.

foi construída e de dois homens que, durante o filme agem de maneira não convencional para os padrões de masculinidade esperados. Feito esse momento panorâmico, de pensar o contexto, bem como as condições de produção artística da época, nos detivemos na análise do filme *Orgia*, atentando para suas especificidades em relação às questões de gênero e sexualidade da região Nordeste.

3.2 Fragmentos de um Nordeste

O filme *Orgia* se inicia como *primeiro plano* no rosto de um personagem, como mostra a figura 2, que decide matar seu pai, aqui representado na figura 3. Após assassinar o seu pai, o personagem, apresentado como caipira, decide fugir. Durante seu trajeto, o personagem encontra com um cego, um intelectual, um rei vindo do continente africano em uma cadeira de rodas, uma anja com uma asa quebrada, indígenas e padres, além da travesti e de um cangaceiro que está grávido.

Figura 2- Personagem do filme orgia que será responsável pela morte de seu pai.

Fonte: Cena retirada do filme *Orgia*.

Figura 3- Pai morto. Esse personagem daria título ao filme, que antes de se chamar Orgia, se chamaria foi assim que matei meu pai.

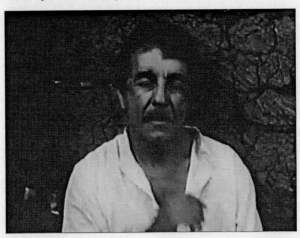

Fonte: Cena retirada do filme *Orgia*.

Aos poucos, os personagens citados anteriormente vão formando um grupo que, em algumas cenas, muito se assemelha a um bloco carnavalesco com roupas extravagantes, estandartes, como observamos na figura 4, a qual ilustra a dimensão do carnaval que o filme *Orgia* remete.

Figura 4- Alguns dos personagens do filme Orgia, juntamente com a equipe de produção.

Fonte: imagem retirada do site Google imagens.

Entretanto, embora a descrição da estória feita anteriormente possa causar uma impressão de que o filme siga uma construção linear e coesa, a forma como as imagens são montadas mostra o oposto. A sequência inicial demonstra muito bem isso. Desde os créditos iniciais até a cena da morte do pai, que não é mostrada, temos uma sequência de imagens que causam um certo estranhamento ao espectador. De dentro da casa onde se encontram os dois personagens iniciais, somos levados à frente de uma igreja, onde vemos que um personagem grita e tira sua blusa; em seguida, o caipira aparece realizando algum tipo de trabalho. Na sequência, a cena mostra novamente o pai e corta para o caipira com um pedaço de pau na mão, que fica rodando e gritando. Em seguida, através de um *plano geral*, visualizamos a casa e seguimos com um corte através do qual conhecemos o interior dessa mesma casa, anteriormente apresentada. Logo, vemos novamente o pai, segurando uma bebida; após vermos o pai; somos guiados pela câmera para um quarto que vai dando um *close* em uma mulher com uma corda na boca, descascando algo. Com um corte, somos levados a um campo e vemos o caipira aparecer, batendo em seu pai, e uma mulher de preto, em *contra-plongeé*, aparece em tela. Essa variação de imagens que culmina na morte do pai, mostra como a construção do filme, em relação à montagem, é algo não muito comum em se ver em filmes, em que as imagens são unidas a ponto de criar um sentido imediato, que não cause estranhamento ao público, coisa que não percebemos em *Orgia*. Uma outra característica do filme, em seus momentos iniciais, é a ausência de fala e comunicação verbal entre os personagens. A maioria das ações realizadas pelos personagens se dá corporalmente, e os gritos e gemidos são os únicos sons emitidos pelos atores.

No que se refere ao ambiente em que se passa o filme, temos uma variedade de espacialidades que transitam de espaços rurais, como mostram as figuras 5 e 6, em que podemos perceber imagens que passam uma ideia de seca e que, imageticamente, remetem à região Nordeste, seja pela estrutura das casas ou pela vegetação, por exemplo. Essa representação também se reflete nos personagens, no que se refere ao imaginário popular, que se relacionam tipicamente com o ambiente rural, aqui representado pelo caipira e o cangaceiro.

Figura 5- caipira realizando um trabalho manual, em um dos cenários mais comuns do filme.

Fonte: cena retirada do filme *Orgia*.

Figura 6- Outra imagem recorrente dentro do filme.

Fonte: cena retirada do filme *Orgia*.

Mas o filme também dispõe um contraste, mostrando espaços com água, com árvores grandes e com folhas, como demonstra a figura 7, somos também apresentados a espaços urbanos como na figura 8, onde temos a visão dos personagens chegando a um penhasco e avistando a cidade, cheia de casas. Em relação aos personagens, temos exemplos de indivíduos que remetem ao modo de vida urbano, como um banqueiro que aparece nos minutos finais do filme e que, em seguida, sai correndo.

Figura 7- Uma mulher tomando banho.

Fonte: Cena retirada do filme *Orgia*.

Figura 8- Visão que os personagens têm ao chegar em um penhasco.

Fonte: Cena retirada do filme *Orgia*.

OUTROS NORDESTES POSSÍVEIS:
GÊNERO E ABJEÇÃO EM ORGIA OU O HOMEM QUE DEU CRIA (1970) E TATUAGEM (2013)

Vale destacar que essa mudança entre as espacialidades não ocorre de maneira progressiva, ou seja, saindo de um espaço e indo para o outro, dando ideia de avanço. Em *Orgia*, o espaço rural não desaparece totalmente com a aparição do que seria seu oposto, pelo contrário, tem-se uma volta constante a esse espaço e, dessa forma, com cortes bruscos e sem coesão entre as cenas que, imageticamente, Trevisan inventa um Nordeste.

Assim, o filme de Trevisan, longe de nos apresentar imagens de um Nordeste coeso, homogêneo, opta por mostrar uma região caótica, onde a desordem impera, os fragmentos não são unidos, e isso fica evidente na ação dos personagens, na construção dos cenários, na ausência inicial de falas e na predominância de gritos. E, como demarcamos na introdução desse texto, essa ideia de homogeneidade é crucial para a noção de Nordeste como unidade, a construção de uma identidade regional onde alguns elementos são colocados em evidência em detrimento de outros, criando, assim, uma unidade espacial aglutinada sobre algumas características selecionadas. O filme *Orgia* não focaliza essas questões tradicionais associadas à seca, ao messianismo, ao cangaço e à violência. De fato, esses três últimos elementos até aparecem, mas não de maneira enfática, que determinem o destino de seus personagens. Mas de certo modo o regime de verdade sobre o nordeste, como debatido na introdução, aparece aqui. Ou seja, reafirma-se um Nordeste da seca mesmo que esse não seja o foco. Deste modo podemos afirmar que, através das paisagens que o filme nos apresenta, temos um reforço da ideia de seca e sua associação com a região aqui analisada enquanto produto discursivo. Embora a espacialidade não ganhe centralidade dentro da narrativa filmica,

Essa construção elaborada por Trevisan também dialoga com o movimento cinematográfico do Cinema Novo. Seu principal diálogo se dá, sobretudo, com o pai do movimento cinema novista, Glauber Rocha. Uma primeira distinção pode ser feita em relação ao papel que o cinema tem dentro da sociedade. Enquanto o Cinema Novo via o cinema como uma capacidade de mudança da realidade, atentando o povo das condições ao qual estava submetido, o Cinema Marginal não possuía tal pretensão. Nas palavras de Trevisan em uma entrevista ao se referir ao Cinema Novo vai afirmar que

> Havia uma divergência política muito séria. Nós não acreditávamos que o cinema devesse se tornar a vanguarda da revolução. Por um motivo simples: nós todos éramos muito politizados, mas não achávamos que o cinema tinha essa força.

> Não era a vocação do cinema. E era uma pretensão imensa do cinema novo, que na verdade não conseguia sequer uma comunicação com o público[216].

Os filmes do Cinema Marginal não desenvolviam seus personagens com pretensões de mudar o mundo ou fazer revoluções, e nem acreditava que o cinema conseguisse mobilizar a massa, de modo que transformasse a realidade. Esse "conflito" fica evidente em *Orgia*, quando somos apresentados ao personagem do intelectual, ilustrado aqui na figura 9.

Figura 9- representação do intelectual no filme *Orgia*.

Fonte: Cena retirada do filme *Orgia*.

Essa cena representa uma das principais divergências entre o Cinema Novo, que via o cinema com um potencial de emancipar as massas, e o Cinema Marginal, que não acreditava nessa função do cinema. E o intelectual, aqui, surge para satirizar essa noção, pois o personagem surge devorando livros e, quando encontra com outros dois personagens, que pode ser lido como representação das massas, não consegue ser compreendido e acaba por tirar a própria vida. Nesse momento, também temos uma cena que foi um dos motivos do filme ter sido censurado. Enquanto o intelectual fala, o caipira e um outro homem ficam lendo seus livros e, em seguida, defecam e limpam suas nádegas com os papéis retirados do livro, e a câmera enquadra bem esse momento.

---

[216] LAMAS, Caio; TREVISAN, João Silvério. Entrevista com João Silvério Trevisan: Entrevista com João Silvério Trevisan por Caio Lamas. Revista Laika, v. 2, n. 3, 2013, p.7.

Ainda pensando na relação entre Cinema Novo e o Cinema Marginal, no que se refere à representação do Nordeste, Albuquerque Júnior afirmou que:

> O Nordeste do Cinema Novo aparece como um espaço *homogeneizado* pela miséria, pela seca, pelo cangaço e pelo messianismo. Um universo mítico quase desligado da história. O sertão é nele tomado como síntese da situação de subdesenvolvimento, de alienação, de submissão a uma realidade de classes, é uma situação exemplar, que poderia ser generalizada para qualquer país do terceiro mundo. *Importa pouco a diversidade da realidade nordestina e todas as suas nuanças, o que interessa são aquelas imagens e temas que permitam tomar esse espaço como aquele que mais choca, aquele capaz de revelar nossas mazelas e, ao mesmo tempo, indicar a saída correta para elas*[217].

O que vale destacar, tendo como base essa citação, é que, em nosso entendimento, a forma pela qual os dois movimentos cinematográficos, aqui apresentados, representam o Nordeste, divergem apenas no foco a determinados assuntos; enquanto a miséria, as condições sociais da população e a crítica ao regime ganhavam um foco na narrativa do Cinema Novo, como destacado através da citação anterior, o desbunde e a paródia eram os mecanismos que o Cinema Marginal utilizava para falar desses problemas. E o Nordeste de Trevisan deambula por essa orgia entre o sertão e a cidade, entre a paródia e o desbunde, entre o excesso de imagens e a não coesão entre elas. Seus personagens são construídos de maneira carnavalesca, vagam pelo sertão Nordestino sem sentido algum, sem lugar determinado para chegar. E é justamente entre gritos e gemidos, alegorias e subversões e poemas que o longa constrói seu Nordeste. Que embora reproduza alguma das imagens mais comuns sobre a região, como a seca, seus personagens nos fazem reinventar o imaginário sobre o Nordeste. Asim, no próximo tópico, nos detivemos a analisar a personagem da travesti e a crítica ao essencialismo do gênero que pode ser feita a partir dela.

3.3 "Eu faço meu próprio gênero": a paródia enquanto crítica do essencialismo

Em *Orgia*, não temos uma história centrada em uma personagem, um protagonista, mas para os objetivos desse trabalho, de pensar o Nordeste e as sexualidades dissidentes, alguns personagens ganham destaque como

---

[217] ALBUQUERQUE JÚNIOR, Durval Muniz de. 2011, p.311-312, grifos nossos.

no caso da travesti[218]. Sua introdução no filme se dá após ela se encontrar fugindo de três homens a procura de mulheres; esses homens tentam pegá-la e, aos gritos, ela é acolhida pelo caipira e um outro homem, que a acompanham durante o decorrer do filme. Sua aparência chama atenção por se assemelhar a Carmem Miranda[219], como podemos observar na figura 10. Ela ama o Brasil, afirmando que é um país é maravilhoso, perfeito, verbaliza uma série de características que exaltam a diversidade étnica, cultural e geográfica, e recita o poema *Canto de regresso à pátria*, do modernista Oswald de Andrade.

Figura 10- Travesti, que usa penico na cabeça, bem como frutas e grandes brincos, uma referência direta a Carmem Miranda.

Fonte: Cena retirada do filme *Orgia*.

---

[218] Vale destacar que os personagens não possuem nome, sendo aqui nomeados por meio de associações com imagens prévias, entrevistas do diretor em que ele nomeia esses personagens de maneira genérica, tal como aparece nesse texto. O fato de não nomear os personagens também corrobora com a ideia apresentada nesse texto, no tópico 2.1, sobre a importância das imagens, pois elas são, em grande medida, responsáveis pelas nomeações aqui elaboradas.

[219] Cantora e atriz luso-brasileira que teve uma carreira nacional e internacional bem estabelecida, tendo, inclusive, feito shows na Broadway e se apresentado para o presidente dos Estados Unidos, Roosevelt, na Casa Branca. Utilizava roupas chamativas com grandes brincos e saltos. No ano de 1941, tornou-se a primeira sul-americana a receber uma estrela na calçada da fama. Assim, percebe-se a importância que a cantora e atriz teve na cultura brasileira.

Essa personagem emerge enquanto alguém que questiona a normatividade do gênero e isso fica evidente em uma das frases em que a travesti menciona que no Brasil "existe homem e mulher e eu, que faço o gênero próprio". Esse tensionamento referente a naturalidade de gênero[220] torna-se uma das características mais marcantes dessa personagem, em primeiro lugar, por ser em um período autoritário, onde a masculinidade era exaltada e a violência contra as pessoas LGBTQIA+ era comum, é de certa forma uma subversão que o diretor faz. O filme visibiliza um corpo que não tinha espaço, muito menos no audiovisual brasileiro. Em virtude disso, muitos jornais apresentam *Orgia* como sendo o filme que inaugurou o cinema *Queer*[221] no Brasil.

"A boneca, filha de italiano com espanhol", como se define, coloca em evidência a dimensão da paródia que, ao se tratar do gênero, tem na travesti, segundo Butler[222] (2017, p. 237), sua expressão máxima. Seguindo a linha de raciocínio da autora, a dimensão da paródia se daria, pois "por mais que crie uma imagem unificada da 'mulher' [...], [a][223] travesti também revela a distinção dos aspectos da experiência do gênero que são falsamente naturalizados como uma unidade através da ficção reguladora da coerência heterossexual". Assim, segundo essa teoria, a travesti brincaria com o caráter binário pelo qual organizamos as nossas relações, pois ela demonstra que o gênero não tem um caráter fixo, uma essência, e é aí que observamos o caráter de paródia evocado pela travesti. Ainda nos apoiando na teoria de Butler, tomamos emprestado a sua noção de *paródia*, pois acreditamos que ela se torna crucial nesse processo de desnaturalização do gênero. Assim sendo:

> A noção de paródia de gênero aqui defendida não presume a existência de um original que essas identidades parodísticas imitem. Aliás, a paródia que se faz é *da* própria ideia de um original. [...]. A paródia do gênero revela que a identidade original sobre a qual se molda o gênero é uma imitação sem origem[224].

---

[220] Sobre esse debate, sugerimos a leitura de Saffioti (1987), pois, através de uma chave de leitura marxista, a autora pensou o processo de *biologização do social*. Também indicamos o texto *Gênero: uma categoria útil de análise histórica*, de Joan Scott, para compreender os impactos da naturalização dos gêneros em duas categorias fundamentais, homem e mulher.

[221] Sobre esse fato relacionado ao filme, ver a matéria que pode ser acessada através do link: https://www1.folha.uol.com.br/ilustrada/2021/09/censurado-orgia-irritou-glauber-rocha-e-inaugurou-o-cinema-queer--feito-no-brasil.shtm.

[222] BUTLER, J. 2017, p. 237.

[223] Na edição aqui utilizada, ao se referir à trasvesti, a tradução apresenta como sendo "o travesti". Considerado todo um debate sobre a forma de se referir as pessoas travestis, debatido adiante no texto, optamos pela utilização do artigo A.

[224] BUTLER, J. 2017, p. 238.

Pensar o gênero enquanto *paródia* é justamente questionar a sua naturalidade, de que ele seria algo com o qual o indivíduo nasce e permanece durante toda sua vida, de que existem homens e mulheres verdadeiros, de que existe uma identidade atribuída ao sujeito *a priori* e que ela é imutável, estática.

A ideia de *paródia* também inflexiona outra categoria fundamental nesse trabalho, a ideia de uma região, ou uma espacialidade que se pretende normal, estática. Aqui, podemos pensar uma *paródia* em relação à identidade nacional, pois como constatamos na frase proferida pela personagem, acima transcrita, ela se diz filha de europeus, e se define como baiana. Logo após escapar de dois homens que estão à procura de mulheres, a travesti é filmada em um *plano aberto,* onde visualizamos os dois homens que salvaram a personagem perseguida. Somos levados a uma casa que se torna uma espécie de palco onde a personagem realiza seu monólogo exaltando o Brasil, ilustrado aqui na figura 11.

Figura 11- Travesti falando sobre o quanto ama seu país.

Fonte: Cena retirada do filme *Orgia.*

Nesse monólogo, ela afirma que no Brasil "tanto faz ser branco, preto, mulato ou mesmo estrangeiro […] tem lugar para portugueses, espanhol, italiano", em seguida, elenca uma série de sujeitos que formam a identidade nacional, como pernambucanos, mineiros do sertão, entre outros. Cabe aqui trazer questões levantadas por este discurso proferido pela travesti, no que diz respeito à noção de democracia racial. O debate sobre a falácia da democracia racial tem como ponto inicial, aqui no Brasil, o livro *Casa grande e Senzala*, de Gilberto Freyre[225]. O autor pernambucano é o primeiro autor brasileiro a trazer o relativismo de Franz Boas, com quem ele estudou e, assim, busca separar natureza e cultura. Mas, para o debate aqui proposto, devemos nos atentar como o autor nos fala da formação do Brasil através da mestiçagem que, dentro de sua teorização, não tem conotação negativa, pelo contrário, essa mistura entre os povos é tida como positiva. Essa positividade do encontro entre as raças acabou:

> [...] ocultando a exploração, os conflitos e a discriminação que a escravidão necessariamente implica atrás de uma fantasiosa democracia racial, na qual senhores e escravos se confraternizam embalados por um clima de extrema intimidade e mútua cooperação[226].

Podemos encontrar em *Casa grande e Senzala* uma narrativa da formação brasileira recheada de exemplos das contribuições de todos os povos que foram responsáveis por construir um Brasil harmônico e de uma intensa reciprocidade cultural, como idealiza Freyre, mas que mascara/omite uma realidade marcada por resistências e lutas. A construção de todo o livro opera de maneira a considerar a sociedade colonial como sendo harmônica, passiva, em que predomina uma noção de ordem que guia todo o percurso realizado pelo autor.

Entretanto, alguns autores vão produzir reflexões que buscam desmascarar esse mito da democracia racial. Aqui, destacamos o trabalho de Florestan Fernandes[227] que, em seu livro *O significado do protesto negro*, realiza uma análise sobre a questão negra no Brasil, acreditando que o período colonial figura como estruturante das atuais condições subalternas dessa população. O autor fez um esforço para desnudar o mito da democracia racial que, segundo ele, ignora as desigualdades e retarda as mudanças estruturais na questão da raça, assim, o mito, além de mascarar uma determinada realidade, age para que a ordem não seja desestabilizada. Com isso, o autor analisou diversos exemplos de como a democracia racial atuou e como ela reproduziu a desigualdade racial.

---

[225] FREYRE, Gilberto. Casa-grande & senzala. 39°ed. Rio de Janeiro: Record, 2000.

[226] DE ARAÚJO, Ricardo Benzaquen. *Guerra e paz: Casa-grande & senzala e a obra de Gilberto Freyre nos anos 30.* Editora 34, 1994, p.31.

[227] FERNANDES, Florestan. *Significado do Protesto Negro.* São Paulo: Expressão Popular / Fundação Perseu Abramo, 2017.

Outro autor que merece destaque, no que se refere à crítica que pode ser feita à noção de democracia racial, é Clóvis Moura[228], principalmente em seu trabalho *Rebeliões da senzala*, o autor pensou a dinamicidade existente no período colonial brasileiro, e para além deste. Uma das partes que mais se destaca, dentre as reflexões que o livro nos proporciona, diz respeito à participação dos negros em várias revoltas que ocorreram durante o período colonial e se estenderam até o império. O autor, através de uma vasta documentação, nos mostra o envolvimento da população negra em movimentos como Inconfidência Mineira, Revolução Pernambucana de 1817 e Revolta dos Alfaiates, essa última considerada pelo autor como o acontecimento que, de forma pragmática, antecedeu a Independência. A participação dessa camada da população nesses movimentos era, segundo Clóvis Moura, uma constante, tendo em vista que o escravizado tinha em mente a ideia da liberdade e esses movimentos, cada um à sua maneira, colocava em suas pautas questões relacionadas à liberdade. Esta vem para descentralizar toda uma produção historiográfica de interpretação do Brasil que situava o negro, ora como simples objeto de reflexão, ora como ser passivo em relação à estrutura colonial. O autor pensou a participação ativa do negro da sociedade brasileira, entendendo sua dinâmica e importância para o desenvolvimento de um sistema mais complexo, o capitalismo. Nos ajuda a pensar também nas várias formas pelas quais são omitidas a participação do negro em processos de extrema importância, como a Inconfidência Mineira, Conjuração Baiana, entre outras revoltas.

Trouxemos aqui dois autores que pensaram criticamente e descartam a ideia de harmonia entre as raças, bem como a passividade da população negra frente ao regime escravista e mesmo após a abolição, como foi elaborada a teoria da democracia racial.

Esse debate surge nesse texto devido à fala da personagem da travesti que nos coloca essa ideia de que no Brasil tanto faz sua raça, somos todos iguais. Contudo, o filme, por possuir um caráter satírico e de desbunde, dificulta afirmar algo das reais intenções do diretor em relação à democracia racial. Pois, ao mesmo tempo, podemos pensar que essa noção de harmonia entre as raças é exaltada pela personagem, ao afirmar que não existia desigualdade. Entretanto, essa fala pode ser também encarada como uma

---

[228] MOURA, Clóvis. Rebeliões da Senzala: Quilombos, Insurreições, Guerrilhas. São Paulo: Anita Garibaldi, 2014.

OUTROS NORDESTES POSSÍVEIS:
GÊNERO E ABJEÇÃO EM ORGIA OU O HOMEM QUE DEU CRIA (1970) E TATUAGEM (2013)

crítica sutil ao pensamento que tem suas origens no pensamento de Freyre. Dada essa dualidade interpretativa apresentada por esse monólogo, julgamos importante apresentar essa ideia de democracia racial, bem como as principais críticas a esse modelo interpretativo da formação social brasileira.

Em seguida, a travesti recita um trecho do texto de Oswald de Andrade, *Canto do regresso à pátria*. De maneira alegre, ela verbaliza os seguintes trechos "Minha terra tem palmares onde gorjeia o mar os passarinhos daqui não cantam como os de lá minha terra tem mais rosas e quase que mais amores minha terra tem mais ouro minha terra tem mais terra ouro terra amor e rosas eu quero tudo de lá não permita Deus que eu morra sem que volte para lá". Enquanto recita o texto, a personagem é enquadrada em um *contra-plongeé* e, enquanto a câmera segue parada, a travesti segue recitando e gesticulando.

Aqui cabe comentar sobre a centralidade da figura de Oswald de Andrade, pois, de certa maneira, seu estilo literário parece sair das páginas dos livros e se materializa em forma de filme, em *Orgia*, seja através da fragmentação das cenas, das paródias sobre a identidade nacional. E uma das suas principais características é uma crítica à realidade brasileira, que a paródia se torna a maneira pela qual o autor expõe suas críticas[229]. Além disso, deve-se ressaltar que o autor, enquanto um expoente do movimento modernista, buscava uma identidade nacional e "para isso buscavam referências em várias culturas e povos, e dessa forma mergulharam no folclore, na herança africana e ameríndia, na arte popular, no caboclo, no proletário[230]". Essa mescla de referências fica bastante evidente no filme de Trevisan, onde somos apresentados a personagens africanos, como no caso do rei em cadeira de rodas, temos também padres, freiras e indígenas.

É curioso pensar na construção dessa cena, pois, em um momento, vemos uma travesti negra e, logo após a exaltação da democracia racial, ela declama Oswald de Andrade. Curioso porque o modernismo e a figura de Oswald foram criticados pelo movimento negro por antecipar "argumentos característicos dos estudos sociológicos e antropológicos desenvolvidos nas décadas de 1930 e 1940 que apontavam para a existência de um suposto

---

[229] DO AMARAL SANTOS, Dayse Aparecida. *Oswald de Andrade e Alberto Zum Felde: modernismos*. 2013, p.118

[230] CÂNDIDO, Antônio. *Literatura e sociedade*. 9. ed. Rio de Janeiro: Ouro sobre Azul, 2006, p.171.

modelo de relações étnico-raciais calcado na tolerância e na cordialidade[231]". Com base nessa citação, o pensamento de Oswald de Andrade, no que se refere a uma identidade brasileira, também passaria uma ideia de harmonia, união entre as raças, ou seja, o pensamento semelhante ao elaborado por Freyre em *Casa grande e Senzala*, o da democracia racial. Não sabemos a real intenção do diretor, se é exaltar ou criticar a democracia racial, mas, ao apresentar esses elementos, cogitamos abrir debates futuros, bem como demonstrar que nenhuma análise fílmica está encerrada em si e está propensa a inúmeros debates e discussões.

Mas também somos apresentados, nas cenas finais do filme, a uma referência à antropofagia, conceito crucial na obra oswaldiana, inclusive nomeando um manifesto, lançado em maio de 1928. Esse termo "parte do pressuposto de devorar a cultura de outrem. Essa deglutição, principalmente da cultura europeia norte-americana, fez com que houvesse uma reapropriação, uma subversão cultural[232]". Assim, a antropofagia remete ao ato de digerir algum elemento de uma determinada cultura e, a partir desta ação, criar algo, e esse algo novo, geralmente, surge como forma de crítica ao que foi deglutido. No caso do filme de Trevisan, o próprio Brasil e o Nordeste são devorados, seja através das descontinuidades em que o autor nos apresenta a região, bem como na forma como ele devora os personagens tradicionais da narrativa nordestina, transforma e subverte, como é o caso do cangaceiro que deixa de ser um homem viril e violento e passa a ser uma pessoa que consegue gerar uma vida, que não se utiliza da violência. Desta forma, em *Orgia,* a masculinidade nordestina adquire outra forma. E é sobre ela que nos detivemos nos tópicos seguintes.

3.4 O cangaceiro e a masculinidade ressignificada de Trevisan

A masculinidade sempre foi um atributo que nossa sociedade ocidental prezou, seja na figura do grande herói, do desbravador, do salvador, enfim, o ser masculino sempre esteve, através de seus feitos, em destaque[233][234].

---

[231] RODRIGUES, Mario Fernandes; DO CARMO SAID, Roberto Alexandre. *Do mito do senhor benevolente à mulatização: o negro no pensamento estético-político de Oswald de Andrade.*, 2021, p.101.

[232] ANDREOLLA, Renata; DE OLIVEIRA, Rejane Pivetta. *Tropicália e Manguebeat: a antropofagia nas contra-culturas brasileiras.* 2019, p.332.

[233] OLIVEIRA, Pedro Paulo de. *A construção social da masculinidade.* Belo Horizonte: editora UFMG, Rio de Janeiro: IUPERJ, 2004.

[234] JANUÁRIO, Soraya Barreto. 2016.

No entanto, como visto anteriormente, no Nordeste, a masculinidade é pensada enquanto um fator indispensável ao processo de consolidação da região enquanto um espaço homogêneo, fixo e que existiu sempre. E, dessa maneira, a figura do cangaceiro contribui com esse ideal de masculinidade nordestina em que a honra, a força a virilidade são atributos que, naturalmente, definem o cabra macho nordestino. Não há lugar nesta figura para qualquer atributo feminino. Nesta região, até as mulheres são machos, sim senhor[235]! Essa imagem, como destaca ALBUQUERQUE JÚNIOR[236], deriva, sobretudo, da relação do nordestino com a terra, pois, em uma região assolada constantemente pela seca, com uma violência constante, este homem telúrico tem que ser forte, lutar contra as intempéries impostas pela natureza e, assim, não pode demonstrar qualquer sinal de fraqueza, ou traços associados a emoção.

O filme *Orgia* opera, por um outro lado, mostrando um Nordeste que, embora a violência permeie alguns momentos da narrativa, não a torna central. Um cangaceiro grávido, segurando um estandarte com um símbolo da Volkswagen, dois homens que simulam um ato sexual, são a forma que Trevisan usa para falar do cabra macho nordestino. E nos próximos tópicos, demos centralidade a esses personagens. Primeiro, pensando nos dois homens realizando atos que podem ser interpretados como eróticos e seguimos analisando o cangaceiro grávido e o desbunde por ele apresentado. Vale destacar que os personagens aqui examinados são os que mais possuem cenas em que foram solicitados cortes para que passassem pela censura.

3.4.1 "Eu sou perigoso": a questão da masculinidade em *Orgia*

Logo após matar seu pai, o caipira sai perambulando pelo sertão até que sua caminhada é interrompida devido aos gritos e gemidos que escuta e que acaba por lhe chamar atenção. O personagem encontra um caminhão e, nesse momento, gritos de "ai que dor" se intensificam e somos levados a ver dois personagens centralizados, onde um está gemendo e gritando "rasga!" "ai!", enquanto o outro fica rasgando suas roupas, como ilustra a figura 12.

---

[235] Este termo faz referência a uma música de Luiz Gonzaga intitulada *Paraíba*, em que um dos trechos ele canta: "Paraíba masculina/ Muié macho, sim sinhô"

[236] ALBUQUERQUE JÚNIOR, Durval Muniz de. Nordestino: *A invenção do "falo"-uma história do gênero masculino. (1920-1940)*. 2ªed. São Paulo: Intermeios, 2013.

Figura 12- cena retirada do filme Orgia que mostram dois personagens que performam o ato sexual.

Fonte: Cena retirada do filme *Orgia*.

Logo em seguida, enquanto o caipira pega roupas que encontra em uma mala e se veste com elas, o homem que está rasgando a roupa do outro, pega uma pedra e defere um golpe contra o homem que está deitado, matando-o. Depois desse ato, percebe que o caipira estava roubando suas roupas e começa a persegui-lo, chamando-o de "ladrão desgraçado", dizendo que "vai tirar as calças" do ladrão. É através dessa perseguição que esse homem, após cometer um homicídio, acaba por acompanhar esse caipira, durante o restante do filme. Acreditamos que a cena descrita anteriormente seja a cena a qual o documento do SCPD (Serviço de Censura e Diversões Públicas) se refere como pornográfica, pois, durante sua 1 hora e 32 minutos de duração do filme *Orgia*, não conseguimos identificar o que a censura pode ter considerado pornográfico, e essa cena é a única que nos remete a uma insinuação sexual.

Embora seja um sexo homoafetivo, um homem mata outro homem. Não sabemos a sexualidade dos sujeitos envolvidos na cena, podem ser gays ou bissexuais, mas a masculinidade segue sendo seguida. Há uma violência e uma morte e, como foi destacado, a violência é um dos traços mais característicos ao qual a masculinidade é associada. Então, embora, o diretor apresente uma cena que pode ser encarada como sexualmente subversiva dado o contexto, ou seja, dois personagens com traços físicos masculinos em uma aparente relação sexual, também somos apresentados à violência e a agressão características comumente atribuídas ao masculino. E acreditamos que, através dessa cena descrita anteriormente, há em *Orgia* um reforço desse ideal do homem, através da violência, mas também existe uma negação do ideal de masculinidade, tendo em vista os dois homens participarem de um sexo homoafetivo.

Após assassinar o outro homem, o personagem segue juntamente com aquele que havia matado seu pai, deambulando pelo sertão. Nessa cena, podemos visualizar melhor o personagem que está com um sobretudo o escrito "a vida é dura para quem é mole". Logo em seguida, assim como a personagem da travesti, o homem começa a gritar quase que de maneira profética afirmando que "alguma coisa vai acabar". Enquanto fica repetindo essa frase, intercalada com gritos, tira algumas coisas de dentro de uma bolsa como um piano em miniatura, que finge tocar, e um sapato feminino, depois fica deitado no chão.

Contudo, a cena que merece destaque dentro do que esse trabalho propõe, de pensar a abjeção e as pessoas abjetas, é a cena em que o caipira e o homem se encontram com o intelectual. Na cena em questão, enquanto o intelectual fala de maneira incompreensível, os outros dois personagens ficam brincando com as folhas dos livros e revistas e, em um determinado momento, a câmera foca nos personagens limpando as nádegas com essas folhas, como mostra a figura 13.

Figura 13- personagens utilizando folhas de livros para limpar as nádegas.

Fonte: Cena retirada do filme *Orgia*.

Destacamos essa cena, pois um dos objetivos desse trabalho é pensar *Orgia* através da noção de *abjeção* e como observamos no Documento do SCPD, apresentado no subtópico 3.1.1 dessa seção, essa foi uma das cenas cujo corte foi solicitado para que o filme pudesse chegar as salas de cinema. Aqui, vale ressaltar que, segundo a teoria da abjeção desenvolvida por Kristeva (1980), o abjeto seria aquilo que também nos causa repulsa e o que é escatológico pode ser enquadrado nisso, sendo restrito ao privado, e quando dois homens fazem isso, sendo mostrado em uma tela de filme, é uma ofensa a toda uma moral e à norma a qual o regime militar estava ancorado.

Desse modo, cabe adensar o debate sobre masculinidade que tem sua origem nos Estados Unidos, com o surgimento dos *Men's Studies*[237], os quais emergem como uma forma de romper com as dualidades entre o masculino e o feminino, demonstrando que essa divisão é, sobretudo, social[238]. Uma das contribuições mais importantes nos estudos sobre a masculinidade foi, além de mostrar a forma como se dá a relação de poder entre os gêneros nos mais diversos âmbitos da vida social, destacar as multiplicidades da masculinidade, que antes era pensada enquanto uma unidade.

Dessa forma, destacamos a produção intelectual desenvolvida por Connell principalmente a partir de 1995, que foi uma virada de chave para a compreensão de que a masculinidade ideal é impossível de ser alcançada e que, se baseando nos tipos ideais weberiano, nos propõem que para além das masculinidades hegemônicas, existem outras formas de se experienciar esse modo de vida, que muitas vezes não existe na realidade concreta, ou seja, apenas como idealização. Pensar nessas *masculinidades periféricas*[239], ou seja, aquelas que não se enquadram dentro do padrão esperado de ser homem, é basilar para este trabalho, pois dentro da narrativa de *Orgia*, somos apresentados a essas masculinidades periféricas. Além disso, como destacou Bento[240], uma das características mais marcantes dos estudos acerca das masculinidades é justamente mostrar que em um determinado contexto, podem ser observadas uma multiplicidade de masculinidades e não apenas uma baseada na força, violência, entre outras características associadas enquanto masculinas.

---

[237] BENTO, Berenice. *Homem não tece a dor: queixas e perplexidades masculinas.* Editora da UFRN, 2015.

[238] JANUÁRIO, Soraya Barreto. 2016.

[239] CONNELL, Robert W.; MESSERSCHMIDT, J. 2013.

[240] BENTO, B. 2015.

E como grande parte desse trabalho pretende pensar a relação existente entre gênero, sexualidade e região, a masculinidade, nesse trabalho, é pensada como:

> [...] um lugar simbólico/imaginário de sentido estruturante nos processos de subjetivação. [...] apresenta-se como uma significação social, um ideal culturalmente elaborado ou sistema relacional que aponta para uma ordem de comportamentos sancionados[241].

Destarte, situamos a masculinidade, assim como a região, como produto de discursos culturalmente construídos, com um período de emergência específico, fruto de relações de poder e que possuem uma dimensão concreta. Essa concretude pode ser encontrada tanto nos índices de violência às populações, apresentados na introdução deste trabalho, bem como nas imagens da região Nordeste em que estereótipos são reforçados.

Aprofundando a análise de *Orgia* acerca das masculinidades e, ainda pensando na forma como o filme acaba por ressignificar as masculinidades, dedicamos o próximo tópico a pensar em como o cangaceiro se coloca como a representação do desbunde e como ele é um personagem que ressignifica a região Nordeste.

3.4.2 "O homem pariu uma criança": o cangaceiro grávido

Neste tópico, pensamos sobre uma das figuras mais importantes no processo de consolidação do Nordeste enquanto uma unidade espacial: o cangaceiro e o movimento do cangaço. Contudo, antes de analisarmos como o filme refigura imageticamente o cangaço, algumas considerações sobre esse fenômeno, que se iniciou no século XX, se fazem necessárias. Em primeiro lugar, destacamos que esse é um fenômeno cheio de contradições e teve o bando de Virgulino Ferreira da Silva, o Lampião, representado na figura14, sua figura de maior destaque.

---

[241] OLIVEIRA, Pedro Paulo de. 2004, p.13.

Figura 14- Grupo de cangaceiros de Lampião, terceiro da esquerda para direita.

Fonte: imagem retirada do site Google imagens.

No entanto, a ideia de cangaceiro já, há tempos, vinha sido utilizada, e segundo Maria Isaura Pereira de Queiroz[242], podemos observar dois sentidos opostos para a palavra cangaceiro. Um primeiro e mais antigo, diz respeito a homens que protegiam grandes famílias e políticos e, em troca, ganhavam um espaço para moradia, bem como armas; nesse sentido, esses primeiros cangaceiros não possuíam independência e nem saiam vagando pelo sertão. Já o segundo sentido atribuído à palavra, mostra-se o oposto, ou seja, homens que não dependem diretamente de políticos ou famílias e, para conseguir armas e dinheiro, viviam de assaltos e saques[243]. Não resta dúvidas sobre esse último significado, que é o que mais encontramos nas produções intelectuais e artísticas sobre o cangaço. Vemos a história do cangaço sendo contada nos folhetos de cordéis, em filmes documentais e ficcionais e, ainda, sendo utilizada como enredos para escolas de samba, como foi o caso da Imperatriz Leopoldinense, campeã do carnaval carioca de 2023, que teve um desfile centralizado na imagem do cangaço e de Lampião[244].Existem interpretações que destacam as condições materiais, tais como monopólio da terra[245], bem como dire-

---

[242] QUEIROZ, Maria Isaura Pereira de. *História do cangaço*. São Paulo. Global, 1997, p.15.

[243] Ibidem.

[244] Sobre essa vitória da escola de samba bem como detalhes do seu samba-enredo recomendamos ler a matéria disponível em https://oglobo.globo.com/rio/carnaval/noticia/2023/02/imperatriz-leopoldinense-e-campea-do-carnaval-2023-e-conquista-9o-titulo-com-enredo-sobre-lampiao.ghtml

[245] FACÓ, Rui. *Cangaceiros e fanáticos: gênese e lutas*. Rio de Janeiro: Editora Civilização Brasileira S.A. 4ªedição, 1976.

OUTROS NORDESTES POSSÍVEIS:
GÊNERO E ABJEÇÃO EM ORGIA OU O HOMEM QUE DEU CRIA (1970) E TATUAGEM (2013)

tamente ligados às condições políticas e econômicas da época, criando, assim um *bandido social* [246]; nessas perspectivas, o movimento do cangaço seria uma forma de resistência, de insubordinação, de reação aos grupos dominantes. Revolucionários ou não, para as pretensões deste trabalho, cabe destacar o carácter violento que este movimento foi desenvolvendo no interior da mente dos sujeitos e da historiografia tornando-se assim um signo identitário da região Nordeste.

Podemos, então, afirmar que a violência é uma constante dentro dos estudos sobre o cangaço, característica esta que definiu, quase de maneira determinista, a essência dos grupos. Principalmente a violência contra o corpo feminino que, como rememora, Adriana Negreiros, que um dos casais mais famosos da história do cangaço, Corisco e Dadá, foi fruto de um estupro. De acordo com a autora, o cangaceiro "levantou-lhe o vestido, abriu-lhe as pernas e se debruçou sobre o seu corpo. [...] aos doze anos, Dadá, perderia a virgindade naquele estupro[247]". Devido a essa hegemonia da violência, e reforçando a ideia de que o Nordeste seria um espaço masculino, o cangaço e o cangaceiro, tornaram-se sinônimos da região Nordeste e passaram a ter representação nos meios artísticos considerada, principalmente, pelo cinema, ajudando, assim, a consolidar tanto a imagem do cangaceiro como sendo esse indivíduo de índole duvidosa e violenta, como a tornar o cangaço um dos signos ao qual a região Nordeste é associada.

Podemos citar, a título de ilustração, ficções como *O cangaceiro* (1953), de influência hollywoodiana, de Victor Lima Barreto, o qual exprime a dicotomia bem e mal; há uma cena específica na qual observamos dois personagens em um duelo para demonstrar "quem é mais homem". Temos o cangaceiro cômico de Guel Arraes (2000), no filme *O auto da compadecida*, o qual mata e invade cidades; no campo do documentário, temos *A memória do cangaço* (1964), de Paulo Gil Soares, bem como o mais recente, *Os últimos cangaceiros*, de Wolney Oliveira, lançado em 2011. Porém, é com o filme de Glauber Rocha, *Deus e o diabo na terra do sol* (1964) que o filme de Trevisan utiliza como referência e toma de empréstimo algumas características e, dessa maneira, grande parte das características que percebemos no cangaceiro grávido podem ser entendidas através do diálogo entre o filme representante do Cinema Novo e o Cinema Marginal de *Orgia*.

---

[246] HOBSBAWM, Eric J. *Bandidos*. 5ªedição- Rio de Janeiro/São Paulo: Paz e terra, 2017.

[247] NEGREIROS, Adriana. *Maria Bonita: Sexo, violência e mulheres no cangaço*. Rio de Janeiro: Objetiva, 2018, p.43.

As comparações podem ser realizadas já no início do filme, já que na primeira sequência de *Deus e o diabo* e de *Orgia* visualizamos um assassinato. No filme de Glauber Rocha, Manuel, cansado dos maus tratos exercidos por um coronel, acaba matando seu chefe; após esse ato, o vaqueiro foge com sua mulher e sai vagando pelo sertão nordestino, quando encontra um grupo religioso liderado por um beato e, em seguida Manuel encontra-se com outro grupo que muito caracteriza a região Nordeste, ou seja, o cangaço. Aqui, podemos traçar vários paralelos com o início da jornada do caipira em *Orgia*, pois é um homicídio que faz com que o personagem se deslocando desloque e conheça, entre eles, um líder religioso e um cangaceiro.

Logo na primeira cena em que o cangaceiro aparece, em um *plano aberto*, o vemos com uma arma em punho, portanto um estandarte com o símbolo da Volkswagen[248] e com as calças abaixadas, como mostra a figura 15.

Figura 15: entrada do Cangaceiro no filme *Orgia*.

Fonte: Cena retirada do filme *Orgia*.

Em seu monólogo de apresentação, mostra-se uma pessoa religiosa, ao rezar a Ave Maria, cuja oração é interrompida pela travesti que vai ao encontro do cangaceiro e depois uma das mulheres se aproxima do cangaceiro afirmando que "macho é macho", contudo, o personagem grávido não

---

[248] Vale destacar que a imagem da Volkswagen é uma referência ao que seria moderno, que tinha no fusca "o símbolo da expansão do consumo no Brasil" (NAPOLITANO, 2021, p. 163). Mas, diferentemente do movimento cinema novista, que não utilizava referências ao moderno, aqui, o filme utiliza-se desse símbolo como uma forma de crítica ao "milagre econômico" anunciado pelos militares.

dá atenção às mulheres e vai ao encontro do rei gritando: "Meu rei! Meu rei!". Após chegar ao rei, vemos o cangaceiro ajoelhado pedindo a benção. Em seguida, a tela fica escura e depois do corte, vemos todos os personagens reunidos em uma estrada.

Mas é sobretudo como um personagem desbundado que podemos pensar essa representação do cangaceiro, dentro da narrativa de *Orgia*. Isso porque o cangaceiro do filme não tem pretensões heroicas diante de um povo sofrido, não utiliza da força da violência, característica essa que é muito comum em filmes sobre o cangaço.

A relação entre o cangaço e a violência pode ser evidenciada no filme de Glauber Rocha, onde seu personagem, representação do Corisco[249], aparece em tela sempre com armas, seja de fogo ou com uma espécie de adaga, como ilustrado na figura 16. Já na primeira cena do filme *Deus e o diabo na terra do sol*, onde os cangaceiros aparecem, podemos fazer uma associação com a violência porque vemos pessoas de joelhos, enquanto é possível ouvirmos tiros sendo disparados pelos cangaceiros; paralelo a isso, vemos mulheres rezando a Ave-Maria. Depois, a câmera, que estava em um plano aberto, no qual a paisagem desértica chama atenção, o foco passa a ser o cangaceiro que, rodopiando com a arma erguida, diz estar cumprindo uma promessa feita ao Padre Cícero, para o povo não morrer de fome.

Figura 16- Cangaceiro de Deus e o diabo na terra do sol.

Fonte: Cena retirada do filme *Deus e o diabo na terra do sol*.

---

[249] Cristino Gomes da Silva Cleto foi um alagoano, nascido em agosto de 1907, cujo nome foi ofuscado por seus apelidos, principalmente o de Diabo Loiro. Ele foi um dos mais famosos cangaceiros da historiografia escrita sobre o tema. Integrou o grupo de Lampião e teve sua história de "amor" com Dadá, que foi transformada em filme, dirigido por Rosemberg Cariry. O cangaceiro referenciado morreu em 1940 e, desde sua morte, não deixa de ser rememorado.

O cangaceiro de Trevisan emerge como uma paródia desse cangaceiro de Glauber Rocha exposto na imagem acima. Nas palavras de Trevisan:

> [...] o cangaceiro grávido era uma gozação ao cangaceiro do Deus e Diabo na Terra do Sol (1963), [...] Isso eu fiz no meu personagem, só que o meu personagem era um cangaceiro que carregava uma bandeira com o símbolo da Volkswagen, [...] e ele estava grávido, fazendo uma *gozação ao machão do cinema do Glauber Rocha*[250].

O cangaceiro de *Orgia* que, diferentemente do de Glauber, tem como arma uma bandeira com um símbolo de uma empresa automobilística e durante o filme, não mata ninguém, diferente dos filmes citados, *Deus e o diabo, O cangaceiro* (1953) e *O auto da compadecida* (2000), pois nesses filmes os cangaceiros matam e performam a violência, algo que não identificamos no cangaceiro do filme *Orgia*; ao invés de tirar vidas, torna-se um ser capaz de gerar uma como pode ser mais bem visualizado na Imagem 17.

Figura 17 - cena final de *Orgia*, aonde visualizamos o cangaceiro grávido, preste a gerar a criança, com o estandarte com o símbolo da Volkswagen ao lado.

Fonte: Cena retirada do filme *Orgia*.

Vale lembrar ao leitor, que essa foi uma das cenas utilizadas como argumento para a censura do filme, pois foi exigido o corte da cena do cangaceiro tendo uma criança. Aqui, percebemos como qualquer representação

---

[250] LAMAS, Caio; TREVISAN, João Silvério. 2013, p.8, grifos nossos.

de algo que desestabilize uma ordem estabelecida, como apresentar um homem grávido em um espaço onde só o corpo feminino é capaz de engravidar, deve ser eliminado e impedido de ser visto. É através do desbunde e da paródia que *Orgia* nos apresenta esses personagens cujas ações, falas e comportamentos têm como destino a abjeção, seu não reconhecimento enquanto cidadãos. E, em um contexto no qual o diferente não é tolerado, como foi o de realização do filme, o diretor, através desses fragmentos que compõem o filme, nos apresenta uma nova forma de se imaginar a região, bem como o caráter de paródia que constitui a noção de gênero.

3.5 "Alguma coisa vai acabar"

A sequência final de *Orgia* pode ser lida enquanto uma síntese do caos que o filme nos passa. Somos levados, juntamente com o grupo, para um cemitério, que é o cenário final do filme. Nesta cena específica, o grupo começa a se abraçar e o cangaceiro começa a gemer de dor, pronto para parir uma criança, até que um novo indivíduo chega ao mundo. Depois, um homem com uma bandeira com o desenho de uma caveira grita: "o homem pariu uma criança". Em seguida, a cena corta para a anja de asas quebradas brincando com bombas e somos levados, novamente, ao cemitério onde observamos o grupo em uma espécie de comemoração. Enquanto estão festejando, dois indígenas devoram a criança em uma clara alegoria antropofágica. Em seguida, vemos explosões, provavelmente ocasionadas pela anja, em seguida, a câmera desloca-se a mostrar, em *plano médio*, os indígenas que haviam acabado de devorar a criança[251]. Seguimos na cena vendo explosões, provavelmente ocasionadas pela anja, e seguimos com a câmera que se desloca para mostrar o caótico grupo em um *plano sequência*, no qual alguns dos personagens, como a travesti e o cangaceiro, ganham foco e falam algumas frases soltas. No final, o caipira afirma mais uma vez que matou seu pai e depois, enquanto os gritos vão progressivamente diminuindo, ouvimos uma *voz off*, em uma outra língua que não o português[252], e descobrimos que os personagens chegaram à civilização, e que prometem seguir as novas regras, abandonando os maus costumes que aprenderam na selva.

---

[251] Vale destacar que ambas as cenas, a do nascimento de uma criança por um homem e, em seguida, o ato canibal, foi considerado como sendo um atentado a moral e bons costumes pelo regime militar, sendo solicitado o corte dessas duas cenas.

[252] Não conseguimos identificar qual língua é verbalizada na cena. Acreditamos que ela foi criada para o filme.

Acreditamos que nessa cena específica, em que os personagens adentram na civilização[253], pode ser lida enquanto uma crítica a esse conceito. O principal motivo que nos leva a acreditar que a ideia de civilização é tomada de maneira crítica, dentro do filme, é que este termo aparece associado a sífilis, doença sexualmente transmissível que pode ser letal. A sífilis é evocada no pensamento social brasileiro através da figura de Gilberto Freyre; o autor afirmou que:

> [...] a civilização e a sifilização andam juntas: o Brasil, entretanto, parece ter-se sifilizado antes de se haver civilizado. Os primeiros europeus aqui chegados desapareceram na massa indígena quase sem deixar sobre ela outro traço europeizante além das manchas de mestiçagem e sífilis[254].

Desse modo, os portugueses civilizados, seriam os responsáveis por contaminar a população originária com uma doença transmitida sexualmente e, de acordo com a citação acima, esse foi o primeiro feito europeu quando aqui chegaram. Uma outra referência a enfermidade pode ser lida quando vemos corpos ainda em movimento, representado na figura 18, e a legenda nos informa que os personagens aguardam a sífilis e chamam por ela; nesse sentido, lemos "que venha a sífilis! Estamos preparados para apodrecer." E, por fim, chegamos à civilização e na legenda podemos ler "Bem-vinda a civilização da sífilis"; em seguida, vemos alguns túmulos e o filme encerra com uma *voz off* que nos apresenta algumas informações sobre o processo de filmagem do filme, como o processo de duração das filmagens, a alimentação dos atores, gastos de produção, entre outras.

---

[253] Para uma melhor compreensão do termo civilizado e de seu oposto, ou seja, o não-civilizado/selvagem, sugerimos a leitura do capítulo um do livro *Aprender antropologia*. No capítulo citado, somos apresentados ao termo em sua historicidade, bem como uma explicação sobre a forma como esses termos foram utilizados para justificar a colonização.

[254] FREYRE, Gilberto. Casa-grande & senzala. 39ªed. Rio de Janeiro: Record, 2000, p.119.

Figura 18- personagens no arco final em *Orgia*.

Fonte: Cena retirada do filme *Orgia*.

As três frases apesentadas no parágrafo anterior, bem como a montagem da cena, nos faz pensar que a civilização é algo que degrada, que apodrece e degenera. Paralelo a isso, os personagens se encontram em um cemitério que é um lugar no qual os mortos são enterrados, onde a vida se encerra. E a chegada da civilização pode representar a morte, principalmente se pensarmos que, em *Orgia*, a grande maioria dos personagens que podem ser interpretados enquanto *abjetos* terminam sua jornada em um cemitério, e essa cena pode ser pensada enquanto o destino de pessoas que não se enquadram nas normas e, por isso, acabam mortas. Podemos pensar esse arco final para além dos personagens apresentados. Essa cena pode ser lida como uma metáfora para a situação politica do Brasil e o destino que o discurso proferido pela ditadura acerca do moderno e civilizado estavam levando seus cidadãos a morte.

Esse final é uma síntese de tudo aquilo que o filme constrói durante sua uma hora e trinta minutos de duração, ou seja, um caos imagético que oscila entre personagens gritando de maneira desordenada, lápides, gritos, silêncio, pedregulhos sendo explodidos, encerrado com informações sobre o processo de produção do filme que durou quinze dias.

Assim, o precursor do cinema *Queer* no Brasil, tem um papel importante ao dar visibilidade a corpos que eram, até então, invisíveis em representações desse período. Somos apresentados a corpos que eram considerados desestabilizadores da ordem, como o da travesti e de um cangaceiro grávido, que pretendia se impor como natural e qualquer desvio era motivo de desaprovação.

Orgia nos apresenta personagens que não se enquadram enquanto civilizados e, para que pudessem adentrar na civilização, teriam de abandonar seus costumes e seus modos que, em vários momentos do filme aparecem cagando, peidando, arrotando, despidos, ações consideradas pela censura como animalescas. O filme mostra o escatológico, o estranho e o que pode causar desconforto ao espectador não só em imagens, mas com sons, principalmente com os gritos contínuos de vários personagens.

Uma das frases que mais chamou atenção no processo de análise foi do personagem que, depois que mata a pedradas outro homem, afirma ter dado "cagada em cima de todo mundo, só para mostrar que eu existo, que eu sou perigoso". Talvez seja assim que o filme de Trevisan deva ser pensado, como perigoso por, através de uma coleção de imagens fragmentadas, incoerentes e caóticas nos apresenta um Nordeste que não faz sentido, que não tem na seca ou na violência sua matéria-prima para construção da narrativa. Nos mostra também a flexibilidade das identidades, como um homem ser capaz de gerar uma vida e uma travesti que emerge como aquela capaz de questionar a naturalidade atribuída ao gênero.

No próximo capítulo, continuamos a pensar nessas questões que tensionam a noção de região e de gênero como algo fixo e imutável. Para isso, adicionamos outros elementos para o debate aqui travado, bem como retomamos algumas questões resgatadas pelo filme *Orgia*. Embora realizado em contextos diferentes, *Tatuagem* se remete ao momento da ditadura civil--militar e se apropria de algumas características desse período para construir sua narrativa sobre um Nordeste urbano no qual a contradição entre liberdade e privações, arte e censura estão presentes, elementos que Hilton Lacerda trabalhou em seu filme, sobre o qual dedicamos a análise a seguir.

TATUAGEM E A UTOPIA DO CU

> Clécio Wanderley é o líder da trupe teatral Chão de Estrelas. Paulete é a principal estrela da equipe. Um dia, Paulete recebe a visita de seu cunhado, o jovem Fininha, que é militar. Encantado com o universo criado pela companhia, ele logo é seduzido por Clécio. Os dois engatam um tórrido relacionamento, que coloca Fininha em situação complicada: ele precisa lidar com a repressão existente no meio militar em plena ditadura. (Sinopse retirada do site da Netflix).

Para pensarmos as questões referentes ao filme *Tatuagem*, do pernambucano Hilton Lacerda, realizamos um movimento de análise semelhante ao do capítulo anterior. Deste modo, iniciamos com uma análise *panorâmica* do filme e, para isso, partimos de uma contextualização do momento histórico de produção do filme, que permitiu sua realização e seu lançamento. Destacamos algumas características do novo ciclo de cinema pernambucano, movimento do qual o diretor fez parte, contribuindo para a cena cinematográfica nordestina. Embora o filme não tenha sido produzido em um contexto conturbado como o de *Orgia*, o filme *Tatuagem* se vale de elementos elencados na parte contextual deste texto sobre a ditadura civil-militar para sua construção. Sendo assim, julgamos necessário apresentar ao leitor o grupo de teatro Vivencial Diversiones, argumentando como essa trupe teatral foi uma importante companhia de teatro ativa no período da ditadura civil-militar que, através de suas performances, criticava o regime e que no filme recebe o nome de Chão de Estrelas.

Realizada essa parte mais abrangente, seguimos pensando no filme e suas especificidades, e como um *close*, pensamos a dimensão do corpo e do tabu em relação ao cu, central dentro da narrativa do filme, tendo importância significativa nas performances do grupo Chão de Estrelas. Seguimos pensando a relação entre o exército e a construção do gênero e da sexualidade, pois o filme trabalha com as questões da repressão e da liberdade, principalmente relacionadas ao desejo, e finalizamos a análise pensado a dimensão da censura, e como ela é abordada no filme.

Com esse capítulo, através da decupagem fílmica, analisamos a consti-tuição imagética e sonora de um Nordeste urbano, centralizado nas relações entre os personagens, permeado de conflitos. Refletimos sobre a centralidade dada ao corpo, principalmente tendo como base as apresentações do grupo Chão de Estrelas. Juntamente a isso, observamos, no filme, um debate sobre a sexualidade e a repressão do sexo e a censura aos espetáculos, também um medo recorrente para os atores da companhia teatral.

Liberdade e a utopia são palavras que constroem o filme *Tatuagem*, que nos mostra um Nordeste fora do domínio rural, onde a cidade torna-se um grande palco de relações conflituosas, com personagens questionando suas identidades, mostrando a fluidez e instabilidade. Nos faz pensar a potência política de *corpos abjetos* em meio a um regime de repressão. Enfim, o filme nos destaca uma série de elementos, sobretudo para pensarmos a dimensão do gênero, da sexualidade e do corpo.

4.1 Contextualização

Diferentemente do filme do Trevisan, o filme de Hilton Lacerda chegou aos circuitos de cinema em 2013, adentrando em 22 salas de cinema, atin-gindo um total de 46.618 espectadores e gerando uma renda de 448.762,43 reais[255]. Embora *Tatuagem* possa ser considerado seu primeiro trabalho de direção de um longa ficcional[256], o diretor de *Tatuagem* já era familiarizado com o meio do audiovisual, tendo atuado como roteirista e produtor em diversos filmes como *Baile perfumado* (1997), *Árido Movie* (2004), *Baixio das Bestas* (2006), *Febre do Rato* (2011) e *Capitães da Areia* (2011), por exemplo. Esses filmes fazem parte do que se convencionou chamar de novo ciclo do cinema de Pernambuco, nome dado pelos críticos à produção que acontecia no estado Pernambucano.

O nome novo ciclo, atribuído pelos críticos de cinema, dá-se em vir-tude de Pernambuco ter tido dois ciclos que antecederam a essa produção mais recente. A primeira ocorreu entre os anos de 1923 e 1931durante esse período, houve "o primeiro grande movimento cinematográfico

---

[255] Dados retirados do OCA-Observatório Brasileiro do cinema e do Audiovisual, podendo ser acessado através do site oficial da ANCINE - Agência Nacional de Cinema pelo link: https://www.gov.br/ancine/pt-br/oca. Vale destacar que esses dados só existem por *Tatuagem* ter sido lançado nos circuitos comerciais, ou seja, nas salas de cinema.

[256] Contudo, antes da direção de *Tatuagem*, Hilton Lacerda, juntamente com Lírio Ferreira, dirigiram um longa documental intitulado *Cartola - Música para os Olhos*, que narra a história do sambista Angenor de Oliveira, o Cartola, sendo lançado em 2007.

OUTROS NORDESTES POSSÍVEIS:
GÊNERO E ABJEÇÃO EM ORGIA OU O HOMEM QUE DEU CRIA (1970) E TATUAGEM (2013)

na história do cinema pernambucano, foi o mais produtivo dos ciclos regionais do século XX[257]" (NOGUEIRA, 2009, p. 19-20). Já o segundo ciclo, ficou conhecido como Super 8, ciclo este que teve o auge de sua produção entre os anos de 1973 e 1983. Este ciclo destaca-se por produzir um "cinema doméstico, o que facilitava a numerosa produção de filmes nesse formato. Os cineastas tinham a possibilidade de bancar seus filmes, filmar e revelar de forma caseira[258]". Contudo, é sobretudo nos anos 90 que emerge esse novo ciclo do cinema pernambucano, sendo mais um dos ciclos de destaque.

Esse período foi marcado por uma série de incentivos governamentais destinados à área da cultura. Podemos citar a Lei nº 8.313, de dezembro de 1991, destinada à cultura em geral. Nessa lei, encontramos informações de como a cultura foi fomentada, além disso somos apresentados aos objetivos pretendidos por essa lei como fomento, incentivo, preservação, estímulo e apoio a atividades culturais e artísticas[259]. Dois anos depois, em julho de 1993, é decretada a lei nº 8.685, ou a lei do Audiovisual, que incentiva o investimento em produções cinematográficas mediante o abatimento no imposto de renda do investidor. A lei contempla a distribuição e exibição de filmes nacionais e tem como principal objetivo desenvolver o cenário do audiovisual brasileiro[260].

Ainda no plano cultural, vale destacar a criação, já nos anos 2000, da ANCINE (Agência Nacional de Cinema), pela medida provisória 2.228-1[261]. Nessa medida, fica estabelecida a função da ANCINE, que funciona como uma espécie de órgão fiscalizador do audiovisual brasileiro, bem como também é responsável pelo desenvolvimento do cinema nacional, além disso, em sua página da internet[262], encontramos dados, iniciativas desenvolvidas e outras atividades sobre a produção, distribuição, quantidades de salas de cinema etc.

Todos esses incentivos, na área da cultura, foram essenciais tanto para a consolidação e fortalecimento da produção nacional, como ajudou no desenvolvimento de produções regionais como, por exemplo, o ciclo que

---

[257] NOGUEIRA, Amanda Mansur Custódio. *O novo ciclo de cinema em Pernambuco: a questão do estilo.* 2009, p.19-20.

[258] Ibidem, p.22.

[259] A lei pode ser consultada através do link: https://www.planalto.gov.br/ccivil_03/leis/l8313cons.htm.

[260] Dados referentes a lei, bem como suas especificidades, podem ser acessados no site do Planalto, através do link: https://www.planalto.gov.br/ccivil_03/decreto/D0974.htm.

[261] No site https://www.planalto.gov.br/ccivil_03/mpv/2228-1.htm, o leitor pode encontrar informações mais detalhadas sobre a agência.

[262] Pode ser acessado através do link: https://www.gov.br/ancine/pt-br.

estava acontecendo em Pernambuco, como para possibilitar a produção e lançamento de *Tatuagem*, que teve incentivos da ANCINE e do FSA- Fundo Setorial do Audiovisual, instituído em 2006, no governo Lula.

Embora não formem um grupo coeso, no sentido de produção de seus filmes, os diretores[263] deste grupo possuem algumas características em comum. Em relação à trilha sonora de seus filmes, por exemplo, em sua maioria, são compostas pelas músicas do movimento do *Manguebeat*[264]. Outro elemento de aproximação de suas produções diz respeito às referências cinematográficas metalinguísticas em que o cinema é referenciado constantemente nesses filmes.

Essa referência ao cinema fica evidente em filmes desse ciclo quando tomamos, por exemplo, o filme *Cinemas, Aspirinas e urubus* (2005), no qual vemos o cinema sendo utilizado como um mecanismo para a venda de aspirinas. No referido filme, que se passa no período da Segunda Guerra Mundial, a população nordestina fica encantada com o espetáculo visual causado pelo cinema e compra a medicação somente devido às imagens e não necessariamente para curar alguma enfermidade. Em *Tatuagem*, também vemos essa referência explícita ao cinema, pois a cena final do filme de Hilton Lacerda é um filme feito pelo Chão de Estrelas em parceria com o professor Joubert que, dentro da análise pretendida pelo texto, ganhara um tópico específico.

Contudo, uma das características mais marcantes desse grupo é a dimensão ligada à subjetividade de seus personagens, ou seja:

> Os filmes contemporâneos recorrem a Pernambuco como espaço geográfico (urbano ou rural) e fazem dele o espaço de representação e problematização de características socioculturais da região-misticismo, coronelismos, banditismo, atraso etc. Essas temáticas, no entanto, não parecem constituir o foco principal dos filmes (tematização predominante), mas aparecem, sobretudo, como aspectos constitutivos dos universos nos quais se dá a construção identitária dos personagens[265].

---

[263] Podemos citar, como exemplos de diretores que participaram do novo ciclo do cinema pernambucano, Cláudio Assis, Lírio Ferreira, Marcelo Gomes e Hilton Lacerda.

[264] Movimento musical que surgiu em meados dos anos de 1990, idealizado por Chico Science que, em suas composições, utilizava-se de várias referências da música, como o Rock alternativo, o Maracatu, a música eletrônica, entre outros.

[265] NOGUEIRA, Amanda Mansur Custódio. 2009, p.104.

OUTROS NORDESTES POSSÍVEIS:
GÊNERO E ABJEÇÃO EM ORGIA OU O HOMEM QUE DEU CRIA (1970) E TATUAGEM (2013)

Nessas produções, o Nordeste e seus habitantes são pensados de maneira em que o conflito está a todo momento presente. Esses conflitos não são de ordem política ou social, embora estas questões apareçam, o que rege a estória são os conflitos diários, motivados pelo amor e por ciúmes, por exemplo. As relações interpessoais são o centro da narrativa; acompanhamos o dia a dia dos personagens, seus pensamentos e seus medos. Um exemplo de como os temas da região Nordeste são apropriados, por esses cineastas, é no filme *Baile Perfumado* (1996), que, se baseando em fatos, conta a história do encontro entre o famoso Lampião e o fotógrafo Benjamin Abrahão. O cangaceiro aparece enquanto uma pessoa que vai ao cinema, posa para as fotos com o intuito de mostrar seu bando de cangaceiros da maneira mais harmoniosa e mostra também seu lado subjetivo, sua relação com Maria Bonita e com seus parceiros. Embora o filme nos mostre momentos em que Lampião utiliza da violência como mecanismo para obtenção de determinados fins, esses atos não são centrais para a narrativa. Nesse filme, o que vale é mostrar o dia a dia do cangaceiro, sua relação amorosa e o que ele faz enquanto não está agindo no sertão nordestino.

Em sentido semelhante aos filmes que compõem esse *hall* do cinema pernambucano, *Tatuagem* nos apresenta essas questões, das relações conflituosas entre os personagens, de um Nordeste pensado a partir do urbano, como afigura19 ilustra, se distanciando da seca e da miséria por ela causada. Um outro exemplo de como a subjetividade aparece no filme diz respeito ao contexto a qual o filme se refere. Embora o filme se passe durante o regime ditatorial, e questões a respeito desse período apareçam, como a censura e a repressão, esses elementos aparecem apenas como figurativos, sem grande relevância narrativa ou atuam como catalisadores de conflitos pessoais, seja na relação entre Clécio e Fininha ou entre os integrantes do Chão de Estrelas, cujo foco foi dado adiante no texto.

Figura 19- representação do Nordeste urbano no filme Tatuagem.

Fonte: Cena retirada do filme *Tatuagem*.

Nesse contexto e dessas características que Tatuagem nos leva ao Recife dos anos de 1970, tempo em que o Brasil viveu sob o governo de militares. Somos apresentados ao grupo de teatro Chão de Estrelas que, através de seus espetáculos, utilizava-se, principalmente, do corpo como forma de manifestação de sua insatisfação política com o regime. Paralelo ao clima festivo, exalado pelas apresentações do Chão de Estrelas, apresentado aqui na figura 20, temos a ordem e a obediência do quartel, onde se encontra o soldado Arlindo, conhecido como Fininha. O filme transita entre esses dois lugares, do caos à ordem, da liberdade à repressão. Mas o filme também mostra, através do relacionamento entre Clécio e Fininha, o encontro entre esses dois opostos e as tensões existentes entre esses dois polos da estória que é agora analisada mais detalhadamente.

Figura 20- atores que compõem a companhia de teatro Chão de estrelas.

Fonte: Imagem retirada do site Google imagens.

A forma como o filme trabalha com esses dois espaços contraditórios fica evidente logo na cena inicial onde, depois dos primeiros créditos, vemos um palco de teatro e ouvimos a voz de Clécio apresentando o que será visto durante a apresentação como "o sensacional concurso membro de ouro", dando boas-vindas ao público que aplaude e grita. Em seguida, os gritos e aplausos vão se tornando distantes e somos levados ao quartel e, assim, conhecemos um soldado que vai nos acompanhar durante o desenvolver da estória.

A cena se inicia com um *close* no rosto do personagem Arlindo/Fininha e vai aos poucos se afastando até que temos um *plano aberto* do alojamento do quartel onde alguém entra e dá um grito de ordem, enquanto os soldados ficam enfileirados, de maneira ordenada. Essa composição, onde vemos alternadamente o Chão de Estrelas e o quartel, é comum na narrativa de *Tatuagem*, é a maneira que o diretor se utiliza para mostrar a contradição entre dois espaços, constantemente apresentados no filme.

Realizada essa espécie de sinopse do filme, destacando seu contexto de produção e algumas de suas características cinematográficas, no próximo tópico, abordamos o Vivencial Diversiones e como a história desse grupo de teatro torna-se referência para a construção do fictício Chão de Estrelas, pois, alguns elementos encontrados no Vivencial são incorporados dentro das performances que identificamos nas apresentações do Chão de Estrelas.

4.2 "E se duvidar até Deus tem um onipresente, onisciente e onipotente cu, cu, cu..." Vivencial Diversiones e a resistência através da arte

O Vivencial Diversiones foi um grupo de teatro que teve sua origem na igreja católica, a partir da dissidência da Associação dos Rapazes e Moças do Amparo-ARMA. Nessa associação, os jovens eram convidados a falarem de suas realidades e o teatro era a forma que esses sujeitos se utilizavam para refletir sobre suas vidas[266]. A realidade desses jovens era permeada de muita violência e, em se tratando de sexualidade, a homossexualidade era um tema frequente em suas vidas, o que não agradou aos setores conservadores da igreja. Assim, desta dissidência da Arma, surgiu a trupe de teatro Vivencial, ativa na cidade de Recife entre os anos de 1974 e 1983. As apresentações, em sua maioria de cunho sexual, causaram estranheza ao público e, principalmente, aos órgãos de censura estatal, pois falavam de temas da vida cotidiana, como casamento, de maneira sarcástica, mas também tocavam em temas como a questão da liberdade e, principalmente, a liberdade sexual, em que "denotavam um poder no indivíduo e na sua potência, de se construir sexualmente cada vez menos presos pelas amarras da sexualidade dominante, do binarismo masculino e feminino[267]". Vale destacar a dimensão da liberdade pensada pelo grupo, principalmente nas questões referentes à sexualidade, mas não só, pois nesse grupo também era incentivada a liberdade criativa:

> Ele era o cruzamento de vários paradoxos entre cristianismo e profanidade, entre pobreza e criação, entre repressão e ruptura, imoralidade e criatividade. Ele tinha um componente de liberação impossível de ser reativado ou retomado, porque ele não tinha uma compreensão de que estava sendo libertado[268].

No fragmento exposto acima, vemos algumas das características que mais aparecem dentro das apresentações do grupo Vivencial. A primeira, era a inserção de elementos do cristianismo nas performances, pois, como dito, o germe do grupo foi dentro do movimento religioso, então, o sagrado e o profano são matéria-prima de sua produção artística. Um exemplo de

---

[266] SANTOS, Matheus Melo dos. *Bocas que beijam, bocas que falam: grupo de teatro Vivencial e masculinidades em Recife e Olinda (1974-1983).* 2018.

[267] SANTOS, M. 2018, p.27.

[268] OLIVEIRA Aristides; GALVÃO Demétrios; MARUGÁN, Paola. Entrevista com João Silvério Trevisan. Disponível em https://revistaacrobata.com.br/acrobata/entrevista/entrevista-com-joao-silverio-trevisan (acessado em 18/11/2022)

como a religiosidade, principalmente como objeto de crítica, foi incorporada pelo grupo, pode ser o espetáculo *Assembleia de deusas* que, segundo uma das integrantes da trupe, foi um espetáculo composto de músicas evangélicas e cujo tema foi o dízimo[269].

A noção de liberdade também pode ser percebida em suas performances, assim como a noção de criatividade e acreditamos que essas são, juntamente com a posição crítica perante a realidade, as características mais marcantes do grupo Vivencial aqui representado pela figura 21.

Figura 21- membros do grupo Vivencial, caracterizados para uma apresentação.

Fonte: Imagem retirada da internet.

Podemos perceber essas características do Vivencial no filme *Tatuagem*. Essas características podem ser resumidas em um momento específico onde observamos Clécio conversando com Paulete, membro do Chão de Estrelas; o primeiro afirma estar ansioso com o novo espetáculo, que será regido a base de "indecência, luminosidade e pecado! A práxis do improvável junto

---

[269] Essa informação foi retirada de um documentário intitulado *A geração que (trans)formou o teatro de Pernambuco nos anos de 1980*, disponível em: https://www.youtube.com/watch?v=30JKTM9kMh8&t=33s. Acesso em: 12/12/2022. Nesse pequeno documentário os integrantes do grupo Vivencial falam dos seus espetáculos, em especial, o Assembleia de deusas, e de como ele foi impedido de ser feito.

com a epifania da desordem"; questionado por Paulete, que não entende o que o Clécio quer dizer, o diretor do Chão de Estrelas explica, dizendo que "práxis ao invés de você pensar, você praticar e epifania é você da rumo a vida, da corpo à alma da vazão ao desejo". Indecência, pecado, desordem são palavras com as quais Clécio define o espetáculo do grupo fictício Chão de Estrelas e que também pode ser usado para se referir ao Vivencial.

Contudo, é no que se refere à liberdade sexual e à crítica ao binarismo do gênero que mais o Chão de Estrelas se aproxima do Vivencial. Homens se vestem de mulher, usam vestidos e se apresentam maquiados. Já as mulheres, aparecem com objetos que remetem ao pênis, como mostra a figura 22. Esse é apenas um dentre vários exemplos de como as binaridades do gênero são questionadas e as liberdades, seja artística, sexual e política são incentivadas.

Figura 22- Performance do grupo Chão de Estrelas.

Fonte: Cena retirada do filme *Tatuagem*.

Podemos observar que, através desses exemplos, tanto a dimensão do gênero, tal como pensando na introdução, ou seja, enquanto performance[270], como questões associadas a sexualidade, ou seja, algo associado ao prazer, a satisfação sexual, bem como o uso dos corpos como forma de manifestação da sexualidade[271], aparecem na narrativa de Tatuagem, seja através das apresentações do grupo teatral, ou através da vivência de seus membros.

---
[270] BUTLER, J. 2017.
[271] FOUCAULT, M. 2019.

ção da sexualidade[271], aparecem na narrativa de Tatuagem, seja através das apresentações do grupo teatral, ou através da vivência de seus membros.

Durante as apresentações, os momentos de insinuação sexual são constantes. Em uma das cenas somos apresentados a dois pássaros um "que adora cantar na primavera-PRI e outro que veio de QUITO. PRIQUITO"[272]. No mesmo espetáculo, Clécio chama o professor Joubert para recitar um poema. No início, o "poeta invenção", como denomina o apresentador do espetáculo, não quer subir ao palco e, assim, os que estão presentes começam a gritar Pau-cu e começam colocar a mão no "pau" levando até o "cu". Esses são alguns exemplos de como, a todo momento, dentro do filme, são feitas referências sexuais, principalmente nos espetáculos do Chão de Estrelas.

Uma outra cena que percebemos o tensionamento desse binarismo sexual, bem como a liberdade em questão, durante uma performance, um dos membros canta, "papai, eu quero me casar!", em seguida Clécio pergunta "ô minha fia, você fica com quem?", prontamente o personagem responde "eu quero me casar com um travesti". Surpreso, Clécio, que interpreta o pai responde, "Oxê! Com um travesti você vai casar bem. O travesti bota e sente como um homem e adispois sente como mulher também". A figura da travesti é recorrente nos dois filmes aqui analisados e, assim como abordado anteriormente, a travesti, segundo a perspectiva aqui adotada, tem esse caráter de colocar em xeque a binaridade do gênero.

Cabe destacar que, ambos os filmes, se referem a travesti no masculino e, assim, cabe explicar que uma das formas pela qual o gênero reproduz as hierarquizações de poder, é através da linguagem, cujos:

> [...] aspectos gramaticais e pragmáticos da linguagem embutem ou recobrem as economias psíquicas e corporais de sistemas de gênero e de sistemas sexuais e afetivos particulares; como eles delimitam e constrangem os espaços sociais [...] e como eles contribuem ativamente para sistemas materiais e simbólicos de valores, de dominação e de exploração[273].

Assim, a linguagem também se insere dentro do campo do poder que produz subjetividades, sujeitos, reforçando o padrão binário (ele(s) X ela(s); todos X todas). E quem não se identifica dentro dessa dicotomia homem *versus* mulher? Desta forma, a linguagem também pode ser pensada como

---

[271] FOUCAULT, M. 2019.

[272] Uma das formas de se referir à vagina bastante comum na região Nordeste.

[273] POVINELLI, Elizabeth. *Pragmáticas íntimas: linguagem, subjetividade e gênero.* 2016, p.210.

um mecanismo de exclusão. Isso está sendo abordado, pois no filme, ao se referir a travesti, utiliza-se do masculino e, dentro deste texto, vamos sempre referir a travesti através da nomeação correta, utilizando o feminino.

No entanto, essas apresentações não são vistas com bons olhos pelos meios de comunicação, em especial o jornal e uma cena específica demonstra isso. No momento em questão, vemos Clécio de pé segurando um jornal, em uma sala onde se encontram os membros do Chão de Estrelas. Em seguida, começa a ler em voz alta comentários sobre o novo espetáculo do grupo "Ponta de Lança". Dentre as características que a notícia atribui ao novo espetáculo do grupo, temos o destaque para a recorrente "apelação da sexualidade que promoveram algumas poucas risadas", "o clima geral era de constrangimento" e que "sob a liderança do extravagante Clécio Vanderlei..."; ele, então, balbucia algumas palavras sem sentido e finaliza dando um beijo no jornal. Olha para os outros atores presentes na sala e afirma que "propaganda negativa e de graça, ou seja, público garantido". Este fragmento de cena nos ajuda a compreender algumas características do Chão de Estrelas, bem como a opinião que se tinha desse grupo.

E é nesse contexto de subversão, questionamento e tensionamento das normalidades e dos padrões que a realidade se torna matéria-prima da ficção, dito de outra forma, é através de sua apresentação que o Chão de Estrelas incorpora algumas características marcantes do Vivencial que, durante o regime ditatorial, emergiu no cenário cultural pernambucano como sinônimo de resistência e contestação. E como material artístico essencial, dentro desse processo de produção cultural, o corpo torna-se essencial e, justamente, considerando essa importância, no próximo tópico, apresentamos como o filme aborda essas questões referentes ao corpo.

4.3 "Tem cu que é uma gracinha": a questão do corpo e do tabu em Tatuagem

Uma das apresentações do grupo Chão de Estrelas, que no filme é encenada duas vezes, tem como trilha sonora a Polka[274] do cu, que em sua letra[275], escrita por DJ Dolores e Hilton Lacerda, unicamente para o filme,

---

[274] O termo polka ou polca se refere a uma dança de origem europeia chamada Bohêmia, que teve sua origem datada no século XIX.

[275] O vídeo que contém a música pode ser acessado no link: https://www.youtube.com/watch?v=9TfxOpngjnY.

atores despidos, mexendo de maneira ordenada na bunda, enquanto toca a música *polka do cu*. Nesse momento, as bundas e suas multiplicidades parecem olhar para o espectador e, assim, dominam a apresentação.

Figura 23- Chão de estrelas ao som de *Polka do cu*.

Fonte: Cena retirada do filme *Tatuagem*.

O cu, dentro do filme, surge primeiramente como uma utopia, pois como nos diz Clécio: "única coisa que nos salva, a única coisa que nos une, a única utopia possível, é a utopia do cu". Mas o cu também surge como o símbolo da liberdade "porque é democrático e todo mundo tem". Dessa maneira, percebemos que o cu tem uma centralidade dentro das apresentações, assim, podemos afirmar que o filme opera um deslocamento que descentraliza o falo para a mostrar aquilo que, na sociedade, é um tabu, o cu.

Sobre o tabu do cu, nos informa Marzano (2020, p. 73-74) que:

> [...] a prática do sexo anal é, provavelmente, o maior tabu sexual existente em nossa sociedade. A penetração pelo ânus parece-para algumas pessoas-como uma prática sexual cruel e suja. A grande maioria dos programas do mundo de educação sexual para estudantes com menos de 18 anos não incluem qualquer menção ou orientação do prazer anal ou sexo anal. Quando o sexo anal é citado na mídia, geralmente leva a ideia de negatividade, violência e degradação e dificilmente de positividade e prazer.[276]

---

[276] MARZANO, Celso. *"O prazer secreto" - sexo anal*. 2020, p.73-74.

Vale destacar que esse tabu tem consequências reais nas vidas dos homens como, por exemplo, no câncer de próstata, que no ano de 2020, atingiu 65.840 brasileiros e destes casos, 20.570 são da região Nordeste[277]. No caso do câncer de próstata, a forma mais segura de profilaxia é o exame do toque, forma mais rápida e segura de detectar o câncer, e que encontra uma grande resistência por parte dos homens, por terem medo de se sentirem "menos homens" ou serem alvo de piada no ciclo de amizade.

Essa questão do cu em relação com a masculinidade foi teorizada por autores, tal como Preciado[278], que refletiu sobre os espaços públicos, como o banheiro, enquanto uma estrutura capaz de reproduzir as hierarquias entre os gêneros. Desta maneira, o fato de o homem mijar em pé, bem como o fato de não haver cabines fechadas (como no banheiro feminino), é uma forma de o homem se mostrar sempre ereto, bem como não mostrar seu ânus, que deve ser feito em espaço privado. Essa perspectiva nos faz pensar nas espacialidades que reproduzem o binarismo de gênero, em especial, o banheiro que, geralmente, se baseia no masculino e feminino no momento de sua construção. Além disso, nos faz pensar o lugar destinado ao cu, ou seja, na dimensão privada da vida do sujeito, que não pode vir à tona, pois o cu se trata de um interdito.

O cu se torna um tabu, algo que não pode ser falado, pois é pensado como lugar da impureza, sujeira, assim nos questiona Fernandes[279]:

> [...] por que somente o cu é considerado o lugar da sujeira? Outras partes do corpo, se não forem limpas, também podem transmitir doenças e estarão... sujas. Penso que atravessa por aí um discurso opressor sobre o cu, produzindo nele o lugar por excelência da abjeção, nojento e condenado por discursos médicos sanitaristas, religiosos e moralistas.

Assim, o cu é considerado um lugar sujo, que não serve ao ato sexual e que não é lugar de ser penetrado ou de prazer. Um lugar que não se deve mencionar. Isso nos leva a outra reflexão proposta por Preciado, em que:

---

[277] Dados acessados através do Instituto Nacional do Câncer-INCA que podem ser acessados através do site: https://www.inca.gov.br/numeros-de-cancer.

[278] PRECIADO, Paul. B. *Um apartamento em Urano: crônicas de uma travessia*. Zahar, 2019.

[279] FERNANDES, Fábio. *Chuca: subversiva ou produto de mais uma norma sobre o sexo anal?* IN: COLLING, Leandro; NOGUEIRA, Gilmaro;(orgs.) Crônicas do CUS: cultura, sexo e gênero. 1ª ed. / Salvador, BA: Editora Devires, 2018, p.72.

Assim, o cu é considerado um lugar sujo, que não serve ao ato sexual e que não é lugar de ser penetrado ou de prazer. Um lugar que não se deve mencionar. Isso nos leva a outra reflexão proposta por Preciado, em que:

> [...] o sexo ou a sexualidade não são propriedades essenciais do sujeito, mas antes o produto de diversas tecnologias sociais e discursivas, de práticas políticas de gestão de verdade e da vida. [...] Não há sexos nem sexualidades, *mas usos dos corpos reconhecidos como naturais ou sancionados como desviantes[280]*.

Como bem demonstra o autor, existem práticas regulamentadas de utilização dos corpos, existe o sexo "normal", "natural", mas existem aqueles que causam repulsa, sendo considerados desviantes. É interessante notar que o autor, ao situar esse processo como fruto das tecnologias sociais e dos discursos, conecta com o questionamento de Fernandes anteriormente citado. Pois a moral, o discurso médico[281] e religioso seriam algumas dessas tecnologias que, através dos discursos, gerenciam os corpos e seus usos, principalmente relacionados ao prazer, limitando zonas erógenas, limitando o uso do corpo à reprodução.

Além de colocar em cena a questão do cu, que por ser associado à sujeira e impureza pode ser pensado enquanto uma parte *abjeta* do corpo humano, percebemos que todos os personagens que estão com seus cus à mostra, são corpos que não são enquadrados na norma, e que, assim, são invisibilizados pelos mais diversos mecanismos de apagamentos. Os onze cus à mostra que rebolam ao som da Polka, são corpos negros, de pessoas LGBTIA+, mulheres também, e como esperamos ter demonstrado no decorrer do texto, todos esses corpos podem ser pensando enquanto *corpos abjetos[282]*, ou seja, corpos classificados como não merecedores da posição de sujeito e, em vista disso, seus corpos são silenciados.

Adensando o debater acerca da corporeidade, podemos pensar o corpo como algo que "é socialmente construído e nele se materializa a relação sujeito x sociedade, tornando-se a arena onde acontecem os conflitos simbólicos que refletem questões do nosso tempo[283]". Partindo desse pressuposto, em cada período histórico, a forma de se perceber o corpo muda, por conseguinte, a

---

[280] PRECIADO, Paul. B. 2019, p.144, grifos nossos.

[281] Um exemplo clássico de que como o discurso médico gerencia os corpos, é pensar na epidemia de AIDS E HIV, considerada como doença de homossexual. Sobre esse contexto, recomendamos a leitura de *HIV e AIDS, passado e presente: os gays como representação social da doença*, de autoria de Pablo de Oliveira Lopes (2021).

[282] BUTLER, Judith. *Corpos que importam: Os limites discursivos do sexo*. São Paulo, N-1 Edições, 2019.

[283] FERREIRA, Francisco Romão. 2008, p.472.

noção de que a corporeidade seria um dado natural, biologicamente determinado é questionada. Colocar a questão do corpo nesses termos da mudança, é colocar em evidência as disputas discursivas, as relações de poder, como vimos com a noção de *corpo abjeto* em Butler, em outras palavras:

> A normatividade vigente produz os corpos e disciplina as suas práticas. No entanto, a atribuição de diferentes valores a determinados corpos fundamenta a abjeção daqueles que se afastam dos padrões normativos[284].

Como um mecanismo para se enquadrar nos padrões binários de gênero, o indivíduo acaba por ser moldado e, nesse sentido, seu corpo também é moldado, sobretudo certas áreas corporais são entendidas como naturalmente destinadas ao prazer masculino, e outras, ao prazer feminino. E vemos em *Tatuagem, corpos abjetos*, como no caso da apresentação detalhada anteriormente, onde somos levados a ver cus de todos os tamanhos, sexos, cores, trupe composta de pessoas enquadradas enquanto dissidentes, que falam abertamente de cu, mostrando que todo mundo tem um pois, afinal, a única coisa que nos une, de acordo com Clécio, é o cu. Afinal, pode nascer como homem, com pênis, e como mulher, com vagina. Mas ambos os sexos, se pensarmos com essa lógica binária de classificação, nascem com cu, "que é democrático e todo mundo tem".

E uma das formas pela qual o corpo é moldado, dentro dessa lógica do binarismo sexual, é através da instituição, representada, no filme, pelo exército. A seguir, desenvolvemos uma reflexão sobre como essa instituição, em um momento em que a masculinidade é exaltada, como foi no período militar, é pensada dentro do filme.

4.4 "Tem cu do coronel e traz felicidade pro povo no quartel": exército e a formação da masculinidade

Como dissemos, logo no início deste capítulo, que *Tatuagem* transita entre dois espaços contraditórios, o do teatro, através do grupo Chão de Estrelas, analisado nos tópicos anteriores, e do quartel, cuja análise se dá a seguir. É nítida a diferença que o filme, através de sua montagem, trabalha com essas contradições espaciais. Em um primeiro momento, temos os dois enamorados Clécio e Fininha, encontramos os dois em um lago, e os personagens se tocam, se beijam, se encaram e sorriem. Depois, um corte

---

[284] JANUÁRIO, Soraya Barreto. 2016, p.141.

OUTROS NORDESTES POSSÍVEIS:
GÊNERO E ABJEÇÃO EM ORGIA OU O HOMEM QUE DEU CRIA (1970) E TATUAGEM (2013)

Em outra cena, vemos os soldados se dirigindo a um espaço onde vão jogar uma partida de futebol; enquanto se deslocam para o campo, o soldado Araújo é chamado para sair com seus amigos de quartel, mas, por ter que ir visitar sua mãe, não pode ir. Em seguida, um dos soldados que escuta a conversa, se dirige a Fininha e afirma que o parceiro "tem medo de aranha"[285] e, dessa forma, tem sua sexualidade questionada, sendo chamado por um de seus colegas como "preferido do sargento". O soldado parece não ligar muito para o que foi dito, embora fique constrangido. No entanto, durante a partida, Gusmão, que havia debochado de Fininha, empurra-o e ele mesmo cai. Ao se levantar, Fininha vai, de maneira violenta, de encontro ao seu agressor e empurra-o de volta. Nesse momento, a partida é encerrada por vários soldados, que entram em campo e separam os dois. Com essa cena, podemos entender como se dá relação entre os personagens no quartel, através da violência, que pode ser percebido nas duas cenas contadas nesse tópico.

Mas, aqui, o quartel emerge como um espaço puramente masculino onde a masculinidade tem que ser performada de maneira coerente e qualquer desvio é motivo de questionamento. E, por se tratar de um filme cuja narrativa tem a ditadura civil-militar como pano de fundo, vale destacar que, sobretudo, nesse período:

> O homem tinha que ser valente, provar que não tinha medo, pegar em arma para defender seus princípios revolucionários. Este modelo de militante reforçava o padrão de masculinidade hegemônico, sendo, inclusive, a presença da mulher vista com certo mal-estar tanto nas universidades como dentro das organizações (BENTO, 2015, p. 190).

Dessa maneira, no espaço destinado à formação de militares era tido como puramente masculino e, dentro desse ambiente, a força tinha que ser constantemente reforçada, ainda mais no contexto em que os militares tinham que demonstrar virilidade e impor medo a qualquer um desvio da norma.

Os questionamentos acerca da masculinidade tornam-se uma constante quando o cenário do filme tem o quartel como foco narrativo. Em uma outra cena, vemos Fininha conversando com um de seus amigos chamando-o para ir ver o show do Chão de Estrelas, pois iria entregar uma encomenda de sua namorada a Paulete. Seu amigo nega a ida afirmando que o pessoal do quartel iria se encontrar depois e diz que Fininha, quando se trata em sair com os soldados, sempre está ocupado. Nesse momento, aquele mesmo soldado

---

[285] Outro termo utilizado para se referir à vagina.

133

que questionou Fininha na partida de futebol, o chamando de "favorito do sargento", se aproxima e começa a dizer "num tô dizendo, fala em aranha e Fininha sai correndo. Olha o bucetão voador, olha, olha aqui! Oh o bucetão oh!". A câmera, então, em *primeiro plano*, mostra o gesto que o soldado faz com a mão para afrontar Fininha, como ilustrado na figura 24, remetendo à buceta[286]

Figura 24- Em primeiro plano, vemos um soldado zombando de fininha e de sua masculinidade.

Fonte: Cena retirada do filme *Tatuagem*.

É interessante perceber que o soldado Gusmão, que a todo momento está questionando a masculinidade de Fininha, só a questiona na frente de seus amigos, pois, quando sozinho, acaba por se revelar alguém com interesses sexuais em Fininha. Percebemos que, a forma como o filme constrói narrativamente o quartel, dentro desses espaços também se torna muito comum essa necessidade constante de performar a masculinidade perante os outros, o que nos lembra aquilo que Preciado (2019) chamou de *força do performativo*, que seria a reprodução de uma norma de gênero sem um questionamento, pois, afinal, essa norma é tão forte e consolidada na nossa sociedade que a pensamos como natural e, por isso, a seguimos. Mas também podemos entender essa forma de sigilo sobre sua sexualidade como uma espécie de estratégia, em que o sujeito:

---

[286] Outro nome dado a vagina.

pois, afinal, essa norma é tão forte e consolidada na nossa sociedade que a pensamos como natural e, por isso, a seguimos. Mas também podemos entender essa forma de sigilo sobre sua sexualidade como uma espécie de estratégia, em que o sujeito:

> evitar o isolamento ou de se proteger das possíveis ameaças de agressão já anunciadas, muitos meninos optam por performar a masculinidade mais aceitável. [...] A permanência na Casa dos Homens, portanto, também pode envolver a demonstração de interesse por meninas, representando uma fictícia heterossexualidade (BAÉRE; ZANELLO, 2020, p. 8).

Percebemos esse movimento na personagem do soldado que, quando em público, decide hostilizar Fininha, mas quando se encontra a sós com ele, tem momentos de tensão sexual. Uma cena demonstra essa tensão entre os personagens. Fininha está sentado em uma espécie de beco, sozinho, enquanto Gusmão joga uma pedra em sua direção para lhe chamar atenção. Fininha, então, põe-se de pé e os dois começam a se encarar e, em seguida, começam a se estapear, até que o soldado faz com que Fininha pegue em seu pênis, demonstrando está sexualmente excitado na presença do colega. Esse momento é interrompido quando as luzes do quartel são acessas e Fininha sai, deixando Gusmão sozinho. Desta forma, o filme nos mostra as contradições existentes dentro do espaço do exército, em que, ao mesmo tempo, se constrói como um espaço especificamente masculino, de exaltação da virilidade, da força e qualquer outra característica atribuída ao masculino, mas também se mostra um lugar de uma constante tensão sexual entre os soldados.

A relação de Fininha com Clécio e seu envolvimento com o grupo Chão de Estrelas tem impactos dentro do quartel. E isso fica evidente em uma cena na qual Clécio e Fininha estão conversando sobre o fato de o soldado ter participado de um ato violento contra membros da trupe de teatro e entre eles, estava a mãe do filho de Clécio. Não vemos as imagens da violência, mas sabemos de sua existência pelo relato de Deusa, ex-companheira de Clécio, que informa que os soldados, entre eles Fininha, bateram nos atores. Clécio, então, decide ir perguntar ao militar o porquê de ele ter participado de tal ato, pois até onde sabe, Fininha, dentro do quartel, só realiza trabalho interno, sendo uma espécie de auxiliar de dentista. Nesse sentido, seu trabalho fica restrito apenas no domínio do quartel. Como resposta, Fininha afirma que foi afastado deste trabalho, pois chegou até o general a notícia de que ele estava andando com o pessoal do Chão de Estrelas e como uma forma de punição, o tirou desse trabalho. O diálogo segue, enquanto usa o rosto de Fininha para um modelo de máscara de uma apresentação, descobrimos que esse ato de realocação de funções deu-se em virtude de um momento de raiva do general, e que ele estava mantendo um caso com Fininha e essa ação, de retirá-lo do trabalho no consultório, foi ocasionada por um momento de ciúmes do general.

Podemos pensar, então, a partir das cenas aqui reproduzidas. Dessa maneira, percebemos que o quartel, em *Tatuagem*, emerge como um espaço contraditório e de tensões onde não se tolera qualquer desvio daquilo que seria a pretensa norma, mas, simultaneamente observamos a realização dessas ações que, ao menos em público, são condenadas pelos militares. Isso fica evidente tanto em relação ao soldado que, a todo momento, zomba da masculinidade de Fininha e do general, que decide demitir Fininha de seu posto por motivos de ciúmes.

Entretanto, não é apenas o exército que tem ação durante o regime civil-militar. Uma das grandes características desse momento é também a censura, que já destacamos na parte contextual sobre o filme *Orgia*. Considerando isso, analisamos como o filme *Tatuagem* trabalha com essas questões referentes às proibições que eram características comuns desse regime militar.

4.5 "É foda, né! Essa história de ficar discriminando o sexo. Proibindo. Eu nunca vi rola dar facada nem xoxota dá tiro em ninguém. Mas tem que cobrir, esconder": como *Tatuagem* aborda a censura

É impossível relembrar o regime militar sem tocar no tema da censura, que impediu *Orgia ou o homem que deu cria,* de ser lançado e amedronta o grupo Chão de Estrelas. Eis que, no final do filme, chega às mãos dos artistas, um documento impedindo a realização de umas das apresentações, cujo titilo é *Na ponta da* lança, e é justamente nessa apresentação que temos a *polka do cu* apresentada nos palcos. Revoltados, os atores questionam o motivo da censura alegando que o censor "nem veio ao Chão de Estrelas, num veio nem ver o espetáculo e não sabe porra nenhuma. E agora isso é?", questiona indignado um dos atores do grupo. Clécio, com mais um integrante do grupo, e Sônia, que cuidava da parte da censura para o grupo, de maneira cordial, decide que falará com o censor para entender o motivo interessa, que ordem superior é pra ser cumprida. Acabou! Eu sou só um censor aqui". Percebendo que não haveria diálogo, os membros do Chão de Estrelas se levantam e saem. Nesse momento, a câmera foca no rosto do censor e ouvimos barulhos de máquinas de escrever ao fundo.

Descobrimos, em seguida, que o grupo, mesmo censurado, decide continuar com o espetáculo *Na ponta da lança*, onde, pela segunda vez, temos a apresentação ao som da *Polka do cu*, mas, diferente da primeira apresentação, o foco da cena não é mais a bunda dos atores, e sim seus rostos, dentre eles o de Fininha. Contudo, a apresentação é interrompida pelos militares que chegam ao local armados. No início da operação contra o Chão de Estrelas, vemos um policial sem rosto que, à medida em que a câmera vai se aproximando, vemos ganhar forma. Descobrimos ser aquele mesmo soldado que questionava Fininha, enquanto nutria desejos sexuais por ele. O soldado então dirige-se ao local onde ocorria o espetáculo e, enquanto ouvimos gritos e passos de pessoas correndo, a tela vai, aos poucos, escurecendo. Logo em seguida, temos um corte rápido mostrando o local da apresentação que foi invadido por militares e que pode ser visualizado na figura 25.

Figura 25- Espaço aonde acontecia os espetáculos do Chão de Estrelas, que foi invadido por militares.

Fonte: Cena retirada do filme *Tatuagem*.

Em seguida, somos levados ao quarto do quartel, onde Fininha encontra-se com uma mala e, nesse momento, um som ecoa dando uma sensação de tensão, até que esse som some e a voz de Fininha aparece lendo uma carta destinada à sua mãe, contando que havia chegado em São Paulo e que estava difícil achar emprego na cidade, além disso, ele afirma que, assim que conseguir algum trabalho, iria começar a ajudar a família. Enquanto escutamos a voz de Arlindo, vemos em tela sua mãe e uma outra mulher, e a cena começa com uma música triste e corta para, em seguida, vermos Clécio ao volante indo em direção a estreia do filme *Ficção e Filosofia.*

Aqui cabe fazermos uma observação sobre esse episódio da censura ao espetáculo *Na ponta da lança.* A começar pelos elementos citados pelo censor, pois os elementos iniciais citados no documento de censura, a pátria e a família, foram temas pelos qual o regime militar se ancorou e usou como base de sustentação em seu discurso ideológico. Sobre a censura teatral, o historiador Marcos Napolitano afirma que já era comum mesmo antes do regime militar, assim:

> Outra função antiga era o controle censório de textos e montagens teatrais, mas esta ficou um tanto completa após 1964, considerando-se a importância e o reconhecimento intelectual que o teatro ganhou como espaço de resistência e de afirmação de uma liberdade pública[287].

Cabe destacar que a censura a espetáculos teatrais não foi uma especificidade brasileira[288], e muito menos do período militar. Contudo, é durante esse contexto que o teatro foi um alvo constante da censura estatal. Paralelamente, o teatro também é, nesse período, "um campo privilegiado de experimentação de novas éticas e estéticas da sexualidade, portanto, potencialmente uma afronta aos costumes tradicionais[289]". Essa frase torna-se bastante elucidativa, considerando, sobretudo, o caráter experimental que podemos perceber, não só o Vivencial, como a sua representação no filme, o Chão de Estrelas.

O tema da censura e a forma como ela foi um mecanismo de invisibilidade das populações LGBTQIA+ é uma das várias camadas de análise proporcionada pelo filme *Tatuagem* e esse texto tem vários exemplos de interditos, em que a realidade e a ficção combinam produzindo narrativas acerca de um período histórico complexo e cheio de contradições que, até hoje, vemos resquícios desse período em nossa sociedade e vemos essas contradições presentes no filme *Tatuagem.*

---

[287] NAPOLITANO, M., 2021, p.130.

[288] Christophe Charle retrata muito bem essa questão em seu livro *A gênese da sociedade do espetáculo: o teatro em Paris, Berlim, Londres e Viena,* onde o autor traça uma história do teatro do século XIX e aborda essas questões referentes a intervenções estatais em ambientes onde se realizavam apresentações de peças.

[289] QUINALHA, R. 2021, p. 201.

Contudo, não é apenas no teatro que essa dimensão da censura é apresentada em *Tatuagem*. No arco final do longa, somos apresentados a um outro filme protagonizado pelos atores do Chão de Estrelas, e nesse filme, questões sobre a liberdade e vigilância ao sexo também são abordados. Sobre esses temas nos detivemos, a seguir.

4.6 "Aqui começamos a fazer a pintura rupestre de um novo tempo"

Uma das características mais marcantes do novo ciclo do cinema pernambucano é a referência ao cinema, em outras palavras, vemos os filmes dentro de outros filmes[290]. Em *Tatuagem*, percebemos claramente essa referência, pois a cena final do filme de Hilton Lacerda é um filme protagonizado pelo Chão de Estrelas e o professor Joubert. A análise do filme dentro do filme se faz interessante neste trabalho, pois ele nos apresenta questões que merecem destaque. A nosso ver, esse filme representa uma síntese de tudo aquilo que vimos em *Tatuagem*, principalmente, tendo como base as características do grupo Chão de Estrelas.

Os créditos iniciais do filme "Ficção e filosofia" já demonstraram o caráter erótico da película. Vemos corpos rolando pela tela, despidos e com nomes pintados no corpo, tal como mostra a figura 26, onde visualizamos nudez associada a funções religiosas e, como vimos, essa brincadeira com o sagrado é uma das características mais marcantes do grupo.

Figura 26- Fragmento inicial do filme *ficção e filosofia*.

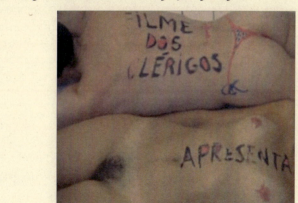

Fonte: Cena retirada do filme *Tatuagem*.

---
[290] NOGUEIRA, Amanda Mansur Custódio. 2009.

As imagens da abertura do filme apresentam o nu explícito, e uma variedade de corpos e seus pênis, vaginas, bundas e peitos nos mostram informações sobre o filme, como seu título, ilustrado aqui na Imagem 27, bem como outras informações, como o já citado diretor professor Joubert.

Figura 27- Apresentação do curta *Ficção e Filosofia*, em que durante os créditos do filme, somos apresentados a uma variação de nudez.

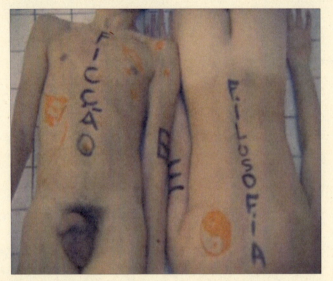

Fonte: Imagem retirada do filme *Tatuagem*.

Passado esse momento de apresentação do filme, somos levados ao futuro. O filme todo é narrado pelo professor Joubert. Enquanto escutamos a voz do professor, somos apresentados a imagens do grupo Chão de Estrelas fantasiados de robôs, indígenas, anjos, em outras palavras, vemos novamente a estética que conhecemos e foi apresentada do grupo Chão de Estrelas. Temos referência ao sexo e seu questionamento, que também perpassa toda a construção do grupo durante ao filme. "Com quantos olhos vamos nos desvigiar depois abolido o sexo?", questiona o professor. Enquanto esse questionamento nos é apresentado, vemos Clécio, Paulete, Fininha, Duca (filho de Clécio com Deusa) e outros membros do grupo, que na utopia criada pelo professor de filosofia se despendem do público ao som de Bandeira Branca, na voz de Dalva de Oliveira, que vai aos poucos ficando mais baixo e, mais uma vez, ouvimos a voz do professor falando que é "no olho do futuro que começa a não-história. Aqui começamos a

OUTROS NORDESTES POSSÍVEIS:
GÊNERO E ABJEÇÃO EM ORGIA OU O HOMEM QUE DEU CRIA (1970) E TATUAGEM (2013)

Passado esse momento de apresentação do filme, somos levados ao futuro. O filme todo é narrado pelo professor Joubert. Enquanto escutamos a voz do professor, somos apresentados a imagens do grupo Chão de Estrelas fantasiados de robôs, indígenas, anjos, em outras palavras, vemos novamente a estética que conhecemos e foi apresentada do grupo Chão de Estrelas. Temos referência ao sexo e seu questionamento, que também perpassa toda a construção do grupo durante ao filme. "Com quantos olhos vamos nos desvigiar depois abolido o sexo?", questiona o professor. Enquanto esse questionamento nos é apresentado, vemos Clécio, Paulete, Fininha, Duca (filho de Clécio com Deusa) e outros membros do grupo, que na utopia criada pelo professor de filosofia se despendem do público ao som de Bandeira Branca, na voz de Dalva de Oliveira, que vai aos poucos ficando mais baixo e, mais uma vez, ouvimos a voz do professor falando que é "no olho do futuro que começa a não-história. Aqui começamos a fazer a pintura rupestre de um novo tempo". É com essa característica do Novo Cinema Pernambucano, que seria a referência aos filmes e ao cinema, que *Tatuagem* encerra.

Desse modo, tanto as apresentações do grupo Chão de Estrelas, como o filme apresentado no final de *Tatuagem* nos leva a pensar na força que as manifestações artísticas tem em romper com os espaços pensados como imutáveis como o campo do gênero e da sexualidade, que a todo momento são tensionadas pelas apresentações que vemos ao longo do filme.

Acreditamos ser justamente isso que o grupo Chão de Estrelas pretende com suas apresentações, começar uma nova pintura, desenhar um novo tempo em que a liberdade deixasse de ser uma utopia e que não ficasse restringida aos palcos e aos artistas, mas a toda uma sociedade. Uma nova história em que o cu não seja um tabu, que ele possa ser mostrado, pois afinal "é democrático e todo mundo tem". E é dessa forma, com uma perspectiva sobre o futuro que se encerra o filme *Tatuagem*.

O filme aqui analisado possui uma maneira de contar os problemas de seus personagens focando no seu dia a dia, nos conflitos pessoais. Dessa forma, vimos relacionamentos, brigas entre membros do grupo de teatro, ensaios dos espetáculos, festas, idas à praia etc. A sexualidade emergiu como um tema central para se pensar as relações entre os sujeitos e, ao pensar essa dimensão, o diretor desloca o imaginário sobre a região Nordeste em que a seca e o cangaço são o foco da narrativa. O Nordeste não é pensado em termos de violência, ou do cabra macho. O

Nordeste de Hilton Lacerda nos apresenta homens que não têm vergonha de mostrar seus cus, de se relacionar com outros homens. Contudo, o diretor também nos mostra que a liberdade não é tão simples como aparenta, que as instituições estão vigiando e que, caso não se cumpram as regras, haverá punições. Desta forma, o filme narra o relacionamento entre dois opostos, aquele criado na liberdade do teatro que permite a experimentação, novas experiências. Mas temos também aquele que foi criado dentro de um ambiente de ordem, onde o novo e o diferente não são tolerados e que ser, e acima de tudo demonstrar sua masculinidade, torna-se fundamental.

O filme também se torna relevante para a análise, pois através dele podemos rememorar a atuação política e artística do Vivencial que, com sua arte, afrontou o regime ditatorial com suas apresentações que misturavam a liberdade sexual com a crítica religiosa. Aqui, tanto o Vivencial como o Chão de Estrelas colocam temas não apenas referentes à censura, mas a censura sobre o sexo, questiona, além de sua suposta binaridade, seus perigos.

Entre a ficção e a realidade, o cu deixa de ser um tabu e na estória de *Tatuagem* ele ganha centralidade. Ao invés de ser pensando enquanto uma parte abjeta do corpo, é ressignificada e pensada enquanto democrática e que, por isso, não merece ficar escondida no domínio do privado, mas que deve ser mostrada sua potência enquanto questionadora da estabilidade atribuída ao gênero e da sexualidade, sem nenhuma vergonha ou medo.

E é justamente dentro dessas dicotomias, como liberdade e repressão, violência e amor, democracia e ditadura, que *Tatuagem* nos oferece uma narrativa centrada nos sujeitos, suas escolhas e as consequências causadas por elas, e o filme apresenta todas essas questões de maneira sensível, sem se desvincular do período histórico ao qual se remete.

O filme assim incorpora muita das características do chamado Novo Cinema Pernambucano (preocupação com questões sociais, referências ao cinema, a importância dada a subjetividade dos personagens e a tensão envolvida no dia a dia destes) e encontrarmos todos esses elementos no filme aqui analisado. Aqui a realidade, através do grupo Vivencial, se mistura com a ficção, através do Chão de Estrelas. A resistência ao regime ditatorial é construída através da arte e do uso dos corpos de seus artistas. O Nordeste aqui é representado como urbano, distanciando-se assim de um Nordeste de seca, de animais mortos, do cangaço e da religiosidade. A religião até aparece na apresentação do grupo teatral, mas como algo característico da região, mas como uma crítica a realidade. Desse modo, a estória aqui apresentada além de rememorar a resistência durante ao ditadura civil-militar, de mostrar o poder subversivo da arte, nos mostra um outro Nordeste.

5

CONSIDERAÇÕES FINAIS

Pretendemos, com esse trabalho, pensar outras formas possíveis de imaginar, representar, filmar a região Nordeste, pensada nesse trabalho como fruto de produções discursivas, bem como produto de um *regime de verdade*, que, através dos discursos, acabam por criar uma "verdade" sobre a região e sobre o gênero e a sexualidade que a caraterizam.

Considerando uma variedade de temas pelos quais o Nordeste é imaginado, optamos por focar relações de gênero e sexualidade como categorias essenciais para refletir sobre a região, afinal, o Nordeste é a terra de Lampião, cabra macho, daquele que desbrava a terra buscando a sobrevivência.

Em um primeiro momento, nos dedicamos justamente a pensar essas categorias, ou seja, região, gênero e sexualidade, imbricando-as em relações de poder, que a todo momento produzem, reproduzem e ressignificam estruturas. Então, podemos afirmar que essas três categorias não podem ser pensadas enquanto determinadas biologicamente, como naturais, neutras e desprovidas de história, mas que suas definições revelam ideias dominantes que servem para manter uma estrutura, criando sujeitos, ou seja, aqueles que se enquadram na norma, e não sujeitos, considerados *abjetos*, ou seja, aqueles cuja vida não vale ser preservada nem protegida.

Em um segundo momento, destacamos a importância das imagens na nossa sociedade e pensamos como elas não podem ser encaradas como a representação fiel da realidade e de como elas podem ser enganosas e manipuláveis. Feita essa discussão, pensamos o cinema enquanto produto da época que se convencionou chamar de modernidade e como objeto de análise sociológica e, assim, justificamos nossa escolha de trabalho com essa manifestação artística que possui uma linguagem própria e, devido a isso, possuem metodologias de análises fílmicas próprias, sendo necessário descrevê-las.

Tendo descrito como procedemos metodologicamente, partimos para a análise dos filmes que foram selecionados. Para isso, realizamos dois momentos de análise, um mais geral, em que observamos aspectos mais

OUTROS NORDESTES POSSÍVEIS:
GÊNERO E ABJEÇÃO EM ORGIA OU O HOMEM QUE DEU CRIA (1970) E TATUAGEM (2013)

gerais de cada obra e, em seguida, pensamos em como os filmes operam com as categorias da região, o gênero e a sexualidade. Pensamos nas mudanças e permanências que os diretores nos apresentaram em seus filmes.

Os filmes tensionam a noção de região, seja através da maneira como abordam esteticamente a região, através de um Nordeste urbano ou descentralizado de temas que permitiram sua invenção enquanto uma espacialidade homogênea, ou através de reelaboração e ressignificação de seus ícones tradicionais, como o cangaceiro e o cabra macho nordestino. Mas é, sobretudo no questionamento das questões referentes ao gênero e a sexualidade que esses filmes mais entram em consonância.

Nos dois filmes, somos apresentados a personagens que, durante toda a sua trajetória dentro dos filmes, estão a todo momento se perguntando e questionando as convenções de gênero, onde o masculino e o feminino seriam a única e mais correta fórmula de classificar o sexo humano. Assim, somos levados a acompanhar, em *Orgia,* uma travesti que faz o gênero próprio, bem como um homem que pariu uma criança. Já em *Tatuagem,* a liberdade do Chão de Estrelas não fica restrita apenas aos palcos, mas conseguimos perceber essa liberdade na vida de seus membros, que vivem sem as amarras das classificações, de qualquer tipo. E, justamente devido aos desconfortos causados por esses personagens à ordem heterossexual que eles podem ser pensados a partir da categoria de *abjeção,* ou seja, aqueles corpos que não merecem ser classificados enquanto sujeitos, como não sendo dignos de possuir uma vida "normal".

Em ambos os filmes, os personagens realizam ações consideradas impróprias e repugnantes, tal como cagar em público e limpar suas nádegas, como vimos no filme *Orgia.* Além disso, em *Tatuagem* o cu deixa de ser algo apenas da dimensão privada da vida e ganha os palcos, aparecendo em sua variedade. Em *Orgia,* é uma pessoa que visualmente identificamos como homem dá cria, subvertendo a natureza biológica de que só a mulher consegue gerar uma vida. Em *Tatuagem,* a experimentação, seja nos palcos ou na vida, é recorrente, mostrando, assim, a instabilidade das identidades (afinal Fininha/Arlindo começa o filme se identificando como hétero, chegando até a namorar uma menina. Clécio também, tendo, inclusive, um filho). Isso nos leva a pensar que "[...]socialmente a sexualidade masculina [é] muitas vezes contraditórias e conflitantes e que é portando importante investigá-las socialmente[291]. E, através desses filmes, percebemos a multiplicidade

---

[291] Fry, Peter. *Para inglês ver: identidade e política na cultura brasileira.* Rio de Janeiro: Zahar, 1982, p.88.

de formas que a masculinidade se manifesta. A masculinidade, assim como o gênero, pode ser pensada em termos de repetição de atos socialmente aceitos e reconhecidos enquanto masculinos como o fato de não chorar, de demonstrar força e ser violento, entre outras características atribuídas ao homem. O não reconhecimento de ações fora da norma geram violência, onde percebe-se a tentativa de enquadrar o sujeito novamente dentro do padrão. Essa dimensão fica evidente no filme de Hilton Lacerda, onde vemos a forma como o quartel molda os sujeitos a fim de que sua masculinidade seja constantemente reforçada.

Atualmente no Brasil percebemos muitos discursos que colaboram para a ordem heterossexual. Essa ideia de naturalização ainda é muito comum nos discursos do Brasil atual, e podemos citar o caso da ministra da pasta Mulher, Família e Direitos Humanos, Damares Alves que, em uma fala pública proferida em 2019, afirmou que menino deve vestir azul e menina vestir rosa. Com essa fala, podemos ver o binarismo do gênero, como se só existe homem e mulher na sociedade, e mais ainda, atribui características, como no caso as cores, como sendo pertencente a um e não a outro, organizado em categorias o que é de homem e o que é de mulher. Temos também a violência cometida contra pessoas trans, não só violência física, como observamos nos dados citados na introdução do presente trabalho, mas também psicológica; aqui, lembramos o ano de 2022, quando tivemos mais uma edição do Big Brother Brasil, onde contamos com a participação de Linn da Quebrada. Durante seus dias de confinamento, ela teve diversas vezes sua identidade de gênero desrespeitada ao ser chamada pelo masculino (ele/amigo), sendo que a forma correta de se referir a uma travesti é no feminino (inclusive a Linna tem a palavra ELA tatuada no rosto para nos lembrar disso).

Essa violência contra esses povos e a exaltação da masculinidade e da heterossexualidade não se restringe apenas ao período da ditadura civil-militar, ou de um Brasil mais recente, podemos considerar essas características como sendo uma questão mais ampla e longínqua, como por exemplo, desde o período imperial existe essa valorização do masculino e que "o conhecimento do mundo desconhecido estava mapeado como uma metafísica da violência de gênero. [...] Nessas fantasias, o mundo era tomado como feminino e espacialmente exposto para exploração masculina"[292]. A partir dessa ideia, o homem emerge como desbravador, explorador, e a mulher

---

[292] MCCLINTOCK, A. 2010, p.47.

como passiva, um ser explorado e naturalmente submissa ao homem. Assim, o homem, desde o período imperial, aparece como essa figura dotada de um poder quase que absoluto.

Um dos trabalhos mais citados no desenvolvimento deste texto foi *Olhares negros: raça e representação*, de bell hooks. A importância dessa coletânea de ensaios se dá, não somente por demonstrar a importância das representações, mas principalmente por mostrar um caminho de mudanças possíveis, pois, segundo a autora "abrir espaços para imagens transgressoras, para a visão rebelde fora da lei, é essencial em qualquer esforço para criar um contexto de transformação[293]". Ao ampliar as fronteiras da imagem, o domínio do visível, contribuímos também para mostrar que outras formas de representar é possível. Assim, partir do cangaceiro para demonstrar a diversas formas de suas representações é questionar a suposta naturalidade atribuída a região e, mais ainda, a biologização pelo qual o gênero é pensado e que reverbera em práticas tais como a violência contra a mulher e contra a população LGBTQIA+.

Por isso, destacamos mais uma vez a importância de trazermos para debates esses filmes e as questões por eles levantadas. Com *Orgia*, rememoramos o período da ditadura civil-militar e das opressões e repressões diversas cometidas contra corpos e obras que impediram o filme de chegar às salas de cinema, por ser considerado um atentado contra a moral e os bons costumes. Já através de *Tatuagem*, redescobrimos a atuação do grupo de teatro Vivencial que foi atuante durante o período militar, que atacava o regime por meio de suas apresentações. Trazer esses filmes que pensam a ditadura civil-militar é também falar sobre esse período e sobre o presente, afinal, no Brasil, de uns tempos para cá, tornou-se comum pedir a volta da ditadura e o retorno dos militares ao poder. Paralelo a isso, vemos uma constante intensificação de ataques às minorias. Ataques esses que não se dão apenas no nível do discurso, mas que atingem violentamente a vida das pessoas.

Deste modo, pensar o Nordeste partindo da ideia de análise fílmica, tendo como base o referencial teórico aqui mobilizado durante a escrita desse texto, torna-se uma ferramenta analítica bastante interessante, pois nos ajuda a pensar metodologicamente a região Nordeste como um todo e que, no seu processo de montagem, lhe foram acopladas partes que ganham mais importância em detrimento de outras, e nos ajuda a entender essa dinâmica, de como esses elementos, em seu conjunto, formam uma unidade.

---

[293] HOOKS, b. 2019, p.36-37.

Dito isso, acreditamos que os filmes aqui analisados possuem uma dimensão política no sentido em que conseguem, através das imagens, "alterar, rasgar, produzir novas esferas do sensível[294]". Mostrar alguns exemplos de representações que imaginam uma nova forma de se pensar a região, e o gênero, assim como a sexualidade, é importante nesse processo de demonstrar novas formas de se imaginar a multiplicidade, os vários fragmentos que compõem esse espaço. Também é importante por exercer um movimento de tensionamento das verdades que constituem as categorias aqui trabalhadas.

Assim, esses dois filmes são o começo de uma pintura rupestre não apenas de seu tempo, mas do presente, pois através deles observamos o não convencional, o abjeto, aqueles seres que são invisibilizados, seja através do desbunde, como *Orgia*, seja de uma maneira mais séria e sensível, como *Tatuagem*. Desse modo, os filmes, enquanto produto e produtor do seu tempo, também nos levam a tensionar as categorias do presente, pois muito dos debates aqui levantados não ficaram restritos apenas ao período de repressão, tortura, morte e opressão, como foi o regime ditatorial.

Para finalizar, não queremos com este trabalho demonstrar a existência de um Nordeste verdadeiro ou falso, essa dicotomia em nada ajuda a compreender a complexidade da região, bem como seus elementos. Todavia, pretendemos demonstrar que a região é fruto de discursos, que se pretende muitas vezes se mostrar como verdadeiro e que acabam criando e solidificando regimes de verdade, seja através do conhecimento científico ou das manifestações artísticas, e que na maioria das vezes esses regimes são contraditórios, às vezes convergentes, mas que a todo momento está sendo disputado. Assim, tanto *Orgia*, em diálogo com as produções cinematográficas de seu período, bem como *Tatuagem*, em sua interação com o cinema pernambucano, se apropriam, recriam, representam, imaginam, constroem, inventam uma região.

Que sejamos perigosos como o homem de *Orgia*, que deu uma cagada no mundo, que sejamos livres como os atores do Chão de Estrelas, que questionemos a as normas que constituem nosso próprio gênero, como a trasvesti. Que experimentemos, como uma peça de teatro do Vivencial, e que sejamos ousados, como foram esses atores. Que através da arte, consigamos pintar novas figuras rupestres e escrever novas histórias, múltiplas e diversas, tais como os cus de *Tatuagem*.

---

[294] SIMÕES, K. 2019, p.35

REFERÊNCIAS

ABREU, Nuno César. **O olhar pornô: a representação do obsceno no cinema e no vídeo.** 2°. ed. São Paulo: Alameda, 2012.

ADORNO, Theodor W. **Teoria estética.** — EDIÇÕES 70, 2011.

DE ALBUQUERQUE JÚNIOR, Durval Muniz. **"QUEM É FROXO NÃO SE METE": VIOLÊNCIA E MASCULINIDADE COMO ELEMENTOS CONSTITUTIVOS DA IMAGEM DO NORDESTINO.** Projeto História: Revista do Programa de estudos pós-graduados de História, v. 19, 1999.

ALBUQUERQUE JÚNIOR, Durval Muniz de. **A invenção do Nordeste e outras artes.** 5° ed. São Paulo: Cortez, 2011.

ALBUQUERQUE JÚNIOR, Durval Muniz de. **Nordestino: A invenção do "falo"-uma história do gênero masculino. (1920-1940).** 2°ed. São Paulo: Intermeios, 2013.

ANDERSON, B. **Comunidades imaginadas. Reflexões sobre a origem e a difusão do nacionalismo.** São Paulo: Companhia das Letras, 2008.

ANDREOLLA, Renata; DE OLIVEIRA, Rejane Pivetta. **Tropicália e Manguebeat: a antropofagia nas contraculturas brasileiras.** REVELL: Revista de Estudos Literários da UEMS, v. 2, n. 22, p. 324-347, 2019.

BAÉRE, Felipe de; ZANELLO, Valeska. **Suicídio e masculinidades: uma análise por meio do gênero e das sexualidades.** Psicologia em estudo, v. 25, 2020.

BENEVIDES, Bruna G; NOGUEIRA Sayonara Naider Bonfim (Orgs). **Dossiê dos assassinatos e da violência contra travestis e transexuais brasileiras em 2020.** São Paulo: Expressão Popular, ANTRA, IBTE, 2021.

BENEVIDES, Bruna G. **Dossiê assassinatos e violências contra travestis e transexuais brasileiras em 2021.** Brasília: Distrito Drag, ANTRA, 2022.

BENEVIDES, Bruna G. **Dossiê: assassinatos e violências contra travestis e transexuais brasileiras em 2022.** ANTRA (Associação Nacional de Travestis e Transexuais) – Brasília, DF: Distrito Drag; ANTRA, 2023.

BENJAMIN, Walter. **A obra de arte na época de sua possibilidade de sua reprodução técnica (5.ª versão).** In: Walter Benjamin: estética e sociologia da arte. Belo Horizonte: Autentica, 2021.

BENTO, Berenice. **Homem não tece a dor: queixas e perplexidades masculinas.** Editora da UFRN, 2015.

BERNARDET, Jean-Claude. **Cinema Marginal?** In: Cinema Marginal brasileiro: filmes produzidos nos anos de 1960 e 1970. Eugenio Puppo (org.).Heco Produções Ltda., 2012.

BISPO, Bruno Vilas Boas. **Imagens de uma utopia latino-americana: A batalha do chile, filme de Patrício Guzmán.** Curita: Appris, 2019.

BUTLER, Judith. **Corpos que importam: Os limites discursivos do sexo.** São Paulo, N-1 Edições, 2019.

BUTLER, Judith. **Problemas de gênero: feminismo e subversão da identidade.** Rio de Janeiro: Civilização Brasileira, 2017.

C MARA, Antônio da Silva; BISPO, Bruno Vilas Boas; LESSA, Rodrigo Oliveira. **Imagens da classe trabalhadora no documentário brasileiro: apontamentos metodológicos.** Caderno CRH, v. 32, p. 491-504, 2020.

CAIUBY NOVAES, Sylvia. **Imagem e ciências sociais: trajetória de uma relação difícil.** In: Imagem-conhecimento: antropologia, cinema e outros diálogos, 2009.

CÂNDIDO, Antônio. **Literatura e sociedade.** 9. ed. Rio de Janeiro: Ouro sobre Azul, 2006.

CASETTI, Francesco; CHIO, Frederico Di. **Cómo anlizar un filme.** Barcelona: paidós, 1998.

CHARNEY, Leo; SCHWARTZ, Vanessa R. **O cinema e a invenção da vida moderna.** São Paulo: Cosac & Naify, 2004.

COLINS, Alfredo Taunay; DE LIMA, Morgana Gama. **Etnografia de tela e semiopragmática: um diálogo entre metodologias de análise fílmica.** AVANCA CINEMA, p. 430-437, 2020.

CONNELL, Raewyn; PEARSE, Rebecca. **Gênero: uma perspectiva global.** SÃO PAULO: NVERSOS, 2015.

CONNELL, Robert W.; MESSERSCHMIDT, James W. **Masculinidade hege-mônica: repensando o conceito.** Revista Estudos Feministas, v. 21, n. 01, p. 241-282, 2013.

COSTA, Flávia Cesarino. **O primeiro cinema: espetáculo, narração, domes-ticação.** Rio de Janeiro. Azougue editorial, 2005.

CUNHA, Euclides da. **Os sertões.** São Paulo: Martin Claret, 2016 (edição especial).

DE ANDRÉ JABER, Fernanda Affonso. **A boca do lixo vai acabar: a invenção sob intervenção do Estado.** Revista o olho da história, n. 26, março de 2018.

DE ARAÚJO, Ricardo Benzaquen. **Guerra e paz: Casa-grande & senzala e a obra de Gilberto Freyre nos anos 30.** Editora 34, 1994.

DE OLIVEIRA, Leonardo Davino. **Jeito de corpo: desbunde como resistência político-poética.** 2016.

DO AMARAL SANTOS, Dayse Aparecida. **Oswald de Andrade e Alberto Zum Felde: modernismos.** Cadernos CESPUC De Pesquisa Série Ensaios, n. 22, p. 115-132, 2013.

DURKHEIM, Émile. **As regras do método sociológico.** 10°. Ed. São Paulo: Ed. Nacional, 1982.

FACÓ, Rui. **Cangaceiros e fanáticos: gênese e lutas.** Rio de Janeiro: Editora Civilização Brasileira S.A. 4°edição, 1976.

FERNANDES, Fábio. **Chuca: subversiva ou produto de mais uma norma sobre o sexo anal?** IN: COLLING, Leandro; NOGUEIRA, Gilmaro;(orgs.) Crônicas do CUS: cultura, sexo e gênero. 1ª ed. / Salvador, BA: Editora Devires, 2018.

FERNANDES, Florestan. **Significado do Protesto Negro.** São Paulo: Expressão Popular / Fundação Perseu Abramo, 2017.

FERREIRA, Francisco Romão. **A produção de sentidos sobre a imagem do corpo.** Interface-Comunicação, Saúde, Educação, v. 12, p. 471-483, 2008.

FERREIRA, Stella. **O corpo também é um agente político: a resistência à Ditadura Civil Militar através do filme Tatuagem.** Revista Em Perspectiva [On Line]. v. 6, n. 1., 2020.

FERRO, Marc. **Cinema e história.** Rio de Janeiro: Paz e terra, 1992.

Fórum Brasileiro de Segurança Pública (2022). **Anuário brasileiro de segurança publica- 2022.** Ano 16 - 2022 ISSN 1983-7364

FOUCAULT, Michel; **A ordem do discurso: Aula inaugural no Collège de France, pronunciada em 2 de dezembro de 1970.** Edições Loyola; 24ª edição, 1996.

FOUCAULT, Michel. **História da sexualidade 1: a vontade de saber.** 9º ed. Paz e terra, 2019.

FOUCAULT, Michel. **Microfísica do poder.** Organização e tradução de Roberto Machado. Rio de Janeiro: Edições Graal, 4° ed. 1984.

FRANCO, Marília. **Linguagens audiovisuais e cidadania.** Comunicação & educação, São Paulo, 1997.

FREITAS, Carolina Rodrigues. **Afetos e sentidos no filme Girimunho (2011), de Clarissa Campolina e Helvécio Marins.** Sociedade e Estado, v. 37, p. 53-73, 2022.

FREYRE, Gilberto. **Casa-grande & senzala.** 39°ed. Rio de Janeiro: Record, 2000.

Fry, Peter. **Para inglês ver: identidade e política na cultura brasileira.** Rio de Janeiro: Zahar, 1982.

GARCIA, Luiz. **Contestação, 1969: Os fios de histórias de filme exilado.** Revista ECO-Pós, v. 19, n. 2, p. 84-96, 2016.

GOFFMAN, Erving. **Estigma – Notas sobre a Manipulação da Identidade Deteriorada.** Coletivo Sabotagem, 1963.

GONÇALVES, Marco Antonio. **Sensorial thought: cinema, perspective and Anthropology. Vibrant: Virtual Brazilian Anthropology [online].** 2013, v. 9, n. 2 [Acessado em 20 setembro 2022] , pp. 160-183. Disponível em: <https://doi.org/10.1590/S1809-43412012000200006>. Epub 21 jan 2013. ISSN 1809-4341. https://doi.org/10.1590/S1809-43412012000200006.

GONZALEZ, Lélia. **Racismo e Sexismo na Cultura Brasileira.** In: SILVA, Luiz Antônio Machado et alii. Movimentos sociais urbanos, minorias étnicas e outros estudos. Brasília, ANPOCS, p.223-44, 1983.

GREEN, James N. **"Mais amor e mais tesão": a construção de um movimento brasileiro de gays, lésbicas e travestis.** cadernos pagu, n. 15, p. 271-295, 2000.

GROSFOGUEL, Ramón. **A estrutura do conhecimento nas universidades ocidentalizadas: racismo/sexismo epistêmico e os quatro genocídios/epistemicídios do longo século XVI.** Sociedade e Estado, v. 31, p. 25-49, 2016.

GUNNING, Tom. **O retrato do corpo humano: a fotografia, os detetives e os primórdios do cinema.** IN: CHARNEY, Leo; SCHWARTZ, Vanessa R. O cinema e a invenção da vida moderna. São Paulo: Cosac & Naify, 2004.

HALL, Stuart. **O Ocidente e o resto: discurso e poder.** Projeto História: Revista do Programa de Estudos Pós-Graduados de História, v. 56, 2016.

HOBSBAWM, Eric J. **Bandidos.** 5°edição- Rio de Janeiro/São Paulo: Paz e terra, 2017.

HOLLANDA, Heloísa Buarque de. **Impressões de viagem: CPC, vanguarda e desbunde: 1960/70.** Rio de Janeiro: Aeroplano, 2004.

HOOKS, bell. **Olhares Negros – Raça e Representação.** São Paulo: Editora Elefante, 2019.

JANUÁRIO, Soraya Barreto. **Masculinidades em (re) construção: gênero, Corpo e Publicidade.** Covilhã: Labcom. ifp, 2016.

KILOMBA, Grada. **Memórias da Plantação – Episódios de Racismo Cotidiano.** Rio de Janeiro: Cobogó, 2019.

KORNIS, Mônica Almeida. **História e cinema: um debate metodológico.** Estudos históricos. Rio de Janeiro, vol.05, n.10, 1992.

KRISTEVA, Julia. **Poderes do horror ensaio sobre a abjeção.** Paris: Éditions du Seuil, 1980, "Approche de l'abjection". Tradução de Allan Davy Santos Sena,1980.

LAMAS, Caio; TREVISAN, João Silvério. **Entrevista com João Silvério Trevisan: Entrevista com João Silvério Trevisan por Caio Lamas.** Revista Laika, v. 2, n. 3, 2013.

LANGARO, Janaína. Julia. **Entre heróis e marginais nos brasis de macunaíma (1969) e orgia ou o homem que deu cria (1970).** Dissertação (Mestrado em História) - Universidade de Passo Fundo, 2021.

LEITE. Sidney Moreira. **Cinema Brasileiro: das origens á retomada.** São Paulo. Ed. Perseu Abramo, 2005.

LEME, Caroline Gomes. **Cinema e sociedade: sobre a ditadura militar no Brasil.** Dissertação (mestrado) - Universidade Estadual de Campinas, Instituto de Filosofia e Ciências Humanas, 2011.

LEME, Caroline Gomes. **Enquanto isso, em São Paulo...: à l'époque do Cinema Novo, um cinema paulista no "entre-lugar".** Tese (doutorado) – Universidade Estadual de Campinas, Instituto de Filosofia e Ciências Humanas, 2016.

LIMA, Caroline de Araújo. **E as Cangaceiras? As representações sociais e o imaginário do feminino cangaço no cinema.** Tese de doutorado apresentado ao Programa de Pós-Graduação em Ciências Sociais, Faculdade de Filosofia e Ciências Humanas, Universidade Federal da Bahia. 2020.

LOBO, Elisabeth Souza. **A classe operária tem dois sexos.** São Paulo: Expressão Popular, 2021.

LUGONES, María. **Colonialidad y género.** In: Tejiendo de otro modo: Feminismo, epistemología y apuestas descoloniales en Abya Yala. Editorial Universidad del Cauca, 2014.

MARCONDES, Guilherme. (2020), **"Anticorpos para o combate ao vírus colonial: algumas ideias a partir da arte".** Horizontes ao Sul. Disponível em: https://www.horizontesaosul.com/single-post/2020/04/29/ANTICORPOS-PARA-O--COMBATE-AO-VIRUS-COLONIAL-ALGUMAS-IDEIAS-ATRAVES-DA-ARTE

MARCONDES, Guilherme. Conexões de cura na arte contemporânea brasileira Arte e Ensaios. *Rio de Janeiro, PPGAV-UFRJ, vol. 26, n. 40, p. 375-391, jul./dez. 2020. ISSN-2448-3338. DOI:* https://doi.org/10.37235/ae.n40.26 *Disponível em:*<http://revistas.ufrj.br/index.php/ae > (acessado em 22/06/2022)

MARQUES, Roberto. **O cariri e o forró eletrônico. Percurso de uma pesqiosa sobre festa, gênero e criação.** In: Objetos não-identificados: deslocamentos e margens na produção musical do Brasil. Crato (CE): RDS, 2014.

MARZANO, Celso. **"O prazer secreto" - sexo anal. Revista Brasileira De Sexualidade Humana.** https://doi.org/10.35919/rbsh.v20i1.344 , 2020.

MCCLINTOCK, Anne. **Couro imperial: Raça, gênero e sexualidade no embate colonial.** São Paulo, Editora da Unicamp, 2010.

MENEZES, Paulo Roberto Arruda de. **Cinema: imagem e interpretação.** Tempo Social, v. 8, p. 83-104, 1996.

MENEZES, Paulo. **Sociologia e Cinema: aproximações teórico-metodológicas.** Teoria e Cultura, v. 12, n. 2, 2017.

MIGNOLO, Walter D. **Novas reflexões sobre a "idéia da América Latina": a direita, a esquerda e a opção descolonial.** Caderno CRH, v. 21, p. 237-250, 2008.

MIGNOLO, Walter. **Desobediencia epistémica: retórica de la modernidad, lógica de la colonialidad y gramática de la descolonialidad.** Ediciones del signo, 2010.

MISKOLCI, Richard. **Teoria Queer: um aprendizado pelas diferenças.** Autêntica, 2017.

MORAES, Ricardo Leite. **O cinema como material didático no ensino da sociologia: alfabetização visual e crítica da estética realista-naturalista.** Revista eletrônica LENPES-PIBID de ciências sociais, UEL, No.1, Vol.1, jan-jun. 2012.

MORIN, Edgar. **El cine o el hombre imaginario.** Paidós, 2001.

MOURA, Clóvis. **Rebeliões da Senzala: Quilombos, Insurreições, Guerrilhas.** São Paulo: Anita Garibaldi, 2014.

NAPOLITANO, Marcos. 1964: **História do regime militar brasileiro.** São Paulo: Contexto, 2021.

NEGREIROS, Adriana. Maria Bonita: **Sexo, violência e mulheres no cangaço.** Rio de Janeiro: Objetiva, 2018.

NOGUEIRA, Amanda Mansur Custódio. **O novo ciclo de cinema em Pernambuco: a questão do estilo. Dissertação de Mestrado.** Universidade Federal de Pernambuco, 2009.

OLIVEIRA Aristides; GALVÃO Demétrios; MARUGÁN, Paola. **Entrevista com João Silvério Trevisan.** Disponível em https://revistaacrobata.com.br/acrobata/ entrevista/entrevista-com-joao-silverio-trevisan (acessado em 18/11/2022)

OLIVEIRA, Juliana Proenço de. **Contextos de Censura às Artes Visuais no Brasil: Duas Aproximações.** Arte e Ensaios, Rio de Janeiro, PPGAV-UFRJ, vol. 26, n. 40, p. 201-215, jul./dez. 2020. ISSN-2448-3338. DOI: https://doi.org/10.37235/ ae.n40.14. Disponível em:<http://revistas.ufrj.br/index.php/ae>

OLIVEIRA, Pedro Paulo de. **A construção social da masculinidade.** Belo Horizonte: editora UFMG, Rio de Janeiro: IUPERJ, 2004.

ORLANDI, Eni. **Análise de discurso: princípios e procedimentos.** 5 ed. Campinas: Pontes, 2005.

OYÊWÙMÍ, Oyèrónké. **A invenção das mulheres: construindo um sentido africano para os discursos ocidentais de gênero.** Rio de Janeiro: Bazar do Tempo, 2021.

PAIVA, André Luiz dos Santos. **Coragem da verdade e estética em Tatuagem: uma leitura cínico-queer.** Dissertação de mestrado — Universidade Federal do Rio Grande do Norte. Centro de ciências humanas, letras e artes. Programa de Pós-Graduação em estudos de mídia, 2016.

PENAFRIA, Manuela. **Análise de Filmes-conceitos e metodologia(s).** In: VI Congresso Sopcom. 2009.

PERLONGHER, Néstor. **O que é AIDS.** São Paulo: Brasiliense, 1987.

PINHEIRO, Douglas. **Autoritarismo e homofobia: a repressão aos homossexuais nos regimes ditatoriais cubano e brasileiro (1960-1980).** Cadernos pagu, 2018.

POVINELLI, Elizabeth. **Pragmáticas íntimas: linguagem, subjetividade e gênero.** Revista Estudos Feministas, v. 24, n. 1, p. 205-237, 2016.

PRECIADO, Paul B. **Manifiesto contrasexual.** N-1 edições, 2014.

PRECIADO, Paul. B. **Um apartamento em Urano: crônicas de uma travessia.** Zahar, 2019.

QUEIROZ, Maria Isaura Pereira de. **História do cangaço.** São Paulo. Global, 1997.

QUIJANO, Aníbal. **Colonialidade do poder, eurocentrismo e América Latina.** In: LANDER, E. (org.). A colonialidade do saber: eurocentrismo e Ciências Sociais. Perspectivas Latino-americanas. Buenos Aires: CLACSO, 2005. p. 227-278.

QUIJANO, Aníbal. **Dom Quixote e os moinhos de vento na América Latina.** Estudos avançados, v. 19, p. 9-31, 2005.

QUINALHA, Renan. **Contra a moral e os bons costumes: A ditadura e a repressão à comunidade LGBT.** São Paulo: Companhia das letras, 2021.

RACHETTI, Luiz Gustavo Ferri; SANTANA, Gilmar. **Sociologia e cinema: o uso do audiovisual na aprendizagem de sociologia no ensino médio.** Cronos:R. Pós-Grad. Ci. Soc. UFRN, Natal, v.17, n.2, jul/dez. 2016.

RAMOS, Guiomar. **Aspetos performáticos no ator de cinema brasileiro.** In Atas do II Encontro Anual da AIM, 2013.

RIVERA CUSICANQUI, Silvia. **Sociología de la imagen: miradas ch'ixi desde la historia andina.** Ciudad Autónoma de Buenos Aires: Tinta Limón, 2015.

RODRIGUES, Mario Fernandes; DO CARMO SAID, Roberto Alexandre. **Do mito do senhor benevolente à mulatização: o negro no pensamento estético-político de Oswald de Andrade.** Scripta, v. 25, n. 55, p. 92-121, 2021.

RUBIN, Gayle. **Pensando o sexo. Políticas do sexo.** 2017.

SAFFIOTI, Heleieth. **A mulher na sociedade de classes: mito e realidade.** Petrópolis: Vozes, 1976.

SANTOS, Matheus Melo dos. **Bocas que beijam, bocas que falam: grupo de teatro Vivencial e masculinidades em Recife e Olinda (1974-1983).** (Dissertação de mestrado) Programa de Pós-Graduação em história da UFPB, 2018.

SARMET, Érica. **Pós-pornô, dissidência sexual e a situación cuir latino-americana: pontos de partida para o debate.** Revista Periodicus, v. 1, n. 1, p. 258-276, 2014.

SCOTT, Joan. **Gênero: uma categoria útil de análise histórica.** 1995.

SEGATO, Rita Laura. **Gênero e colonialidade: em busca de chaves de leitura e de um vocabulário estratégico descolonial.** E-cadernos ces, n. 18, 2012.

SIMMEL, Georg. **A metrópole e a vida do espírito.** In: FORTUNA, Carlos (Org). Cidade, cultura e globalização: ensaios de sociologia. Lisboa: Celta Editora, 2001, p.31-43.

SIMÕES, Igor. **Montagem Fílmica e Exposição: Vozes Negras no Cubo Branco da Arte Brasileira.** (Tese de doutorado) Programa de Pós-Graduação em Artes Visuais da UFRGS, 2019.

SIMÕES, Júlio Assis; FACCHINI, Regina. **Na trilha do arco-íris: do movimento homossexual ao LGBT.** São Paulo : Editora Fundação Perseu Abramo, 2009.

SIMÕES, Kleber José Fonseca. **Os cortes nos cus e os corpos (im)possíveis nos palcos soteropolitanos na ditadura civil militar.** In: Artivismos das dissidências sexuais e de gênero / Leandro Colling, organizador. - Salvador: EDUFBA, 2019.

SORLIN, Pierre. **Indispensáveis e enganosas, as imagens, testemunhas da história.** Revista Estudos Históricos, v. 7, n. 13, p. 81-96, 1994.

SORLIN, Pierre. **Sociologia del cine la apertura para la historia de mañana.** Fondo de cultura económica, México, 1977.

TOLENTINO, Célia. **O cinema, tempo social e o seu intérprete.** Revista Ideias-instituto de filosofia e ciências humanas da universidade estadual de campinas, p. 31-43, 2013.

TURNER, Graeme. **Cinema como prática social.** Summus Editorial, 1997.

VANOYE, Francis; GOLIOT-LÉTÉ, Anne. **Ensaio sobre a análise fílmica.** Campinas, SP: Papirus, 2012.

VIEIRA, Sulamita. **O sertão em movimento: a dinâmica da produção cultural.** São Paulo: Annablume, 2000.

WIRTH, Louis. **O urbanismo como modo de vida.** In: VELHO, Otávio (org). O fenômeno urbano. Rio de Janeiro: Guanabara, P. 90-113. 1967.

XAVIER, Ismael. **O cinema brasileiro moderno.** São Paulo: Paz e terra, 2001.